Michael Birkenbihl

Im Zweifelsfall
allein entscheiden

Ebenfalls von Michael Birkenbihl in der Reihe „Business-Training" erschienen:

Karriere und innere Harmonie
ISBN 3-478-81121-X

Chefbrevier
ISBN 3-478-81129-5

Michael Birkenbihl

Im Zweifelsfall
allein entscheiden

Die Deutsche Bibliothek – CIP-Einheitsaufnahme

Birkenbihl, Michael:
Im Zweifelsfall allein entscheiden : das Märchen vom
mündigen Mitarbeiter / Michael Birkenbihl. – München ;
Landsberg am Lech : mvg-verl., 1992
  (Business-Training ; Bd. 1130)
  ISBN 3-478-81130-9
NE: GT

Das Papier dieses Taschenbuchs wird möglichst umweltschonend hergestellt
und enthält keine optischen Aufheller.

Umschlagentwurf: Gruber & König, Augsburg
Satz: Fotosatz H. Buck, Kumhausen
Druck- und Bindearbeiten: Presse-Druck Augsburg
Printed in Germany 081130/692802
ISBN 3-478-81130-9

Inhaltsverzeichnis

Vorwort

Bekanntlich hängt der Führungsstil eines Managers von drei Gegebenheiten ab: vom Charakter des Führers, von der Qualifikation seiner Mitarbeiter und von den Rahmenbedingungen, innerhalb derer geführt werden muß. Ist die Qualifikation der Mitarbeiter hoch, kann der Führer sie zur Entscheidungsvorbereitung heranziehen. Das ist der *Ideal*fall. Läßt die Qualifikation der Mitarbeiter (sehr) zu wünschen übrig, muß der Führer allein entscheiden: das ist der *Real*fall . . .

Zu den Schlagworten, die nicht auszurotten sind, gehört das vom ,,mündigen Mitarbeiter''. Was ist das eigentlich, ein ,,mündiger Mitarbeiter''? Psychologisch betrachtet ist dies ein Mensch, der sich akzeptiert, wie er ist; der gelernt hat, analytisch zu denken und sachgerecht zu entscheiden − und zwar aufgrund eigenen Urteils; und der, last but not least, bereit ist, das Risiko einer Entscheidung und deren Konsequenzen auf sich zu nehmen.

Und jetzt, verehrte Leserinnen und Leser, schauen Sie sich einmal in Ihrem Bekannten- und Kollegenkreis um. Was sehen Sie? Vorwiegend Menschen, die entsetzlich ungebildet, risikoscheu und überangepaßt sind. Und die das Denken nicht gelernt haben. Manipuliert durch Elternhaus, Schule, Staat und beflissene Massenmedien, leben sie nicht, sondern werden gelebt. Sie erwarten klare Anweisungen, weshalb Theodor Adorno sie als ,,autoritätsverliebt" bezeichnet hat. Nietzsche nannte diese Gruppe, die etwa 70 Prozent der Menschheit ausmacht, die „Allzuvielen" und stufte sie in die Kategorie der „Hinterweltler" ein. Weil sie hinter der realen Welt leben, in einer „heilen Welt", die es nur in ihrer von Vorurteilen bestimmten Denkschablone gibt.

Tatsache ist, daß es neben den 70 Prozent der Allzuvielen etwa fünf Prozent „Elitemenschen" gibt, die realiter den Ton angeben: die großen „Macher", die Künstler und die Wissenschaftler. Dazwischen liegen 25 Prozent „Aktionswillige", die noch Ehrgeiz und Pflichtgefühl aufweisen und die das loyale „Rückgrat der Wirtschaft" darstellen — vergleichbar dem Unteroffizierskorps einer Armee. Mit dieser kleinen Gruppe müssen wir die Probleme unserer Umbruchzeit bewältigen . . .

Der vorliegende Text zeigt zunächst die historischen und psychologischen Gründe auf, warum sich ausgerechnet das „Volk der Dichter und Denker" zu einer Masse unbedarfter Anpasser entwickeln konnte.

Das 8. Kapitel von „Kain und Habel" hat insofern einen politischen Touch, als es die Grundlage des Sozialismus sowjetischer Prägung, das Räte-System, unter die Lupe nimmt. Die Räte waren Vorläufer jener „autonomen" Gruppen, von denen unbelehrbare Theoretiker noch immer träumen. Wer sich für die Beziehungen zwischen Psychologie und Politik nicht interessiert, kann dieses Kapitel überspringen. (Anmerkung: „Habel" und „Heva" sind die älteren, vorbiblischen Schreibweisen von „Abel" und „Eva".)

Im übrigen wird von mir versucht, an Hand konkreter Beispiele internationaler Unternehmen zu demonstrieren, daß es dennoch Wege gibt, ,,aus Lieschen und Otto Müller Erfolgsmenschen zu machen". Das wird dann möglich sein, wenn es gelingt, unser kapitalistisches System mit etwas Menschlichkeit anzureichern. Dieses Anliegen habe ich seit 1974 in acht Büchern zur Thematik ,,Führen und Entscheiden" vorgetragen. Erfolg? Verbesserung des Führungsstiles in einigen mittelständischen Unternehmen. Ansonsten: Fehlanzeige . . .

Ich bin dem ,,mvg-Verlag" Dank schuldig, weil er mich aufgefordert hat, die 1974 erschienene erste Auflage dieses Buches zu aktualisieren und einer aufgeschlossenen Leserschaft vorzulegen, die sich um die Problematik der schwindenden Leistungsmotivation und Verantwortungsbereitschaft in unserer Gesellschaft Sorgen macht. Und so geht meine Hoffnung dahin, dem einen oder anderen Leser in Führungsposition ein paar Hinweise zu vermitteln, wie er wenigstens in seinem persönlichen Machtbereich die Dinge zum Besseren wenden könnte.

Odelzhausen   *Michael Birkenbihl*

1. Kapitel:
Der Mitarbeiter als Mensch

Die Behauptung, der Mensch unserer Tage sei der Species „Homo sapiens" zuzurechnen, kann bei dynamischen Wirtschaftsmanagern nur Hohngelächter, bei Psychologen und Soziologen allenfalls ein resignierendes Lächeln hervorrufen. Allein weltfremde Management-Strategen der Schreibtischfront, die einen Betrieb noch nie aus der Perspektive der operativen Ebene gesehen haben, werden nicht müde, eine Variation des Homo sapiens als Realität abzuhandeln: den „mündigen" Mitarbeiter.

Schon bei der Definition dieses gängigen Modewortes tauchen Schwierigkeiten auf. „Mündig" − was bedeutet das eigentlich? „Mündig sein" heißt doch seit alters her, der erzieherischen Gewalt von Eltern, Lehrern und Meistern entwachsen zu sein. Das bedeutet in der Praxis, daß der jugendliche Mensch endlich in der Lage ist, sein Schicksal selbst zu bestimmen. Der Gesetzgeber hat den Beginn dieser − nach der Pubertät wichtigsten − Periode im menschlichen Leben auf ein bestimmtes Alter fixiert. Ob die gesetzliche Mündigkeit mit der dazu erforderlichen menschlichen Reife korrespondiert, darf bezweifelt werden.

Überträgt man diese Definition auf die Arbeitswelt, so kann ein „mündiger Mitarbeiter" nur als ein Mensch verstanden werden, der willens und in der Lage ist, sein

Schicksal als Mitarbeiter eines Betriebes weitgehendst in eigener Verantwortung zu gestalten. Dies setzt beispielsweise voraus, daß er eine gediegene berufliche Ausbildung besitzt, ständig an seiner Fortbildung arbeitet, Initiativen entwickelt und bereit ist, Verantwortung zu übernehmen. Mit anderen Worten: Er ist von den Weisungen seines Chefs weitgehend unabhängig. Und weil er dies ist, wünscht er, nicht ständig gegängelt zu werden.

Doch damit nicht genug. Genau so, wie der vor allem in Wahlkampfzeiten bemühte ,,mündige Staatsbürger" in der Lage und bereit sein sollte, persönliche und finanzielle Opfer für den Fortbestand und die Weiterentwicklung seines Vaterlandes zu erbringen — und zwar aus Einsicht in die Notwendigkeit eines derartigen Handelns: genau so müßte ein Unternehmen von seinen ,,mündigen Mitarbeitern" erwarten können, daß sie ihre Ansprüche nach den Gegebenheiten des Marktes und der innerbetrieblichen Kostenstruktur ausrichten. Daß von einer derartigen Einstellung bei der Masse unserer Arbeitnehmer keine Rede sein kann, bedarf keiner Beweisführung.

Sicherlich kommen wir der Bewältigung des aufgeworfenen Problems — inwieweit ein Mitarbeiter mündig ist oder nicht — um keinen Schritt näher, wenn wir den Versuch einer Klärung nicht an der Basis beginnen: bei der Tatsache nämlich, daß Mitarbeiter zunächst einmal Menschen sind. Daraus ergibt sich wiederum die Frage nach dem modernen Menschenbild. Der ,,mündige" Mensch, den Realisten als die Hoffnung unserer Zukunft, Illusionisten hingegen als Objekt unserer wirtschaftlichen Wirklichkeit sehen: wie sieht diese Art Mensch eigentlich aus?

In der Verhaltenspsychologie spricht man seit Abraham Maslow nicht vom ,,mündigen``, sondern vom ,,psychologisch erfolgreichen`` Menschen (,,winner``). Diesen Typ Mensch, den es in vereinzelten Exemplaren bereits gibt, könnte man wie folgt beschreiben:

Dem ,,winner`` ist es gelungen, eine Balance zwischen den essentiellen Kategorien seiner seelischen Struktur herzustellen: zwischen dem ,,Es``, dem ,,Ich`` und dem Über-Ich (in der Terminologie Siegmund Freuds). Mit anderen Worten: dieser Mensch hat das Glück gehabt, den Kristallisationspunkt seiner Persönlichkeit, sein ,,hautverkapseltes Ich``, bestmöglich zu entwickeln; obwohl dieses ,,Ich`` — seit der Austreibung aus dem Uterus — ständig von drei ,,herrschsüchtigen`` Instanzen bedrängt wurde: dem ,,Es``, dem ,,Über-Ich`` und der Umwelt.

Das ,,Ich``, das ein Mensch entwickeln konnte, manifestiert sich in seinem Selbstwertgefühl (SWG). Je besser dieses SWG entwickelt, d.h. je ,,gesünder`` es ist, desto weniger leidet ein Mensch an Minderwertigkeitsgefühlen; je schwächer dieses SWG entwickelt ist, desto mehr wird so ein Mensch von Angst erfaßt; von einer undifferenzierten Angst übrigens, die tief im Unterbewußtsein sitzt und den Betroffenen seines Lebens nie richtig froh werden läßt. Aus dem Gesagten ist ohne weiteres ersichtlich, daß das SWG die zentrale Instanz unseres Lebens überhaupt darstellt: alles, was wir tun oder lassen, dreht sich allein um unser SWG. Menschen, die wegen ihres stark reduzierten Selbstwertgefühls ständig unter Angst leiden, bezeichnet man in der Psychologie als Neurotiker. Für den psychologischen Laien ist allerdings eine andere Frage viel wesentlicher als die nach unserer psychischen Struktur. Ihn interessiert vor allem ein Aspekt: Woran erkenne ich einen ,,winner''?

Das geflügelte Wort vom Homo sapiens bedeutet ja in erster Linie, daß der Mensch – im Gegensatz zum Tier – ein vernunftbegabtes Wesen ist, das heißt, daß er einen Intellekt besitzt, den er sinnvoll gebraucht.

Nun wird ja die Intelligenz, als variable Kombination aller verstandesmäßigen und schöpferischen Anlagen, in der Regel weit überschätzt. Wie die Psychologie überzeugend nachgewiesen hat, ist es nicht so wesentlich, wie hoch der sogenannte Intelligenzquotient eines Menschen ist; wirklich relevant ist indessen, was der Mensch mit seiner Intelligenz anfängt! Und dies hängt allein von seiner Persönlichkeitsstruktur ab. Bekanntlich gibt es außerordentlich intelligente Verbrecher.

Das bedeutet indessen: Der psychologisch erfolgreiche Mensch im Sinne Maslows setzt seine Intelligenz im Rahmen einer individuellen Zielsetzung ein, die wiederum auf der Basis freiwillig akzeptierter ethischer und moralischer Wertmaßstäbe erfolgt.

Eng damit zusammen hängt die sogenannte Selbstverwirklichung des Menschen. Auch ,,Selbstverwirklichung'' ist zu einem modischen Schlagwort geworden, über dessen begrifflichen Inhalt genausowenig Klarheit herrscht wie über die oft bemühte ,,Lebensqualität''.

Ein Mensch, der sich der Selbstverwirklichung verschrieben hat, tut zweierlei: erstens macht er von den Anlagen, Talenten und Dispositionen, die er im Erbgut mitbekommen hat, Gebrauch. Biblisch ausgedrückt: Er wuchert mit seinem Pfunde. Zweitens ordnet dieser Mensch sein Leben freiwillig akzeptierten ethischen Kategorien unter. In diesem Sinne sagt er beispielsweise: Freiheit, Liebe, Wahrheit, Gerechtigkeit sollen die Leitsterne am Himmel meines Lebens sein.

Oder, anders formuliert: das Verhalten eines psychologisch erfolgreichen Menschen zeichnet sich dadurch aus, daß er diese ethischen Kategorien ernsthaft zu verwirklichen trachtet.

Es wäre wünschenswert und anzustreben, daß die berufliche Aktivität eines Menschen im Rahmen eines weitgesteckten Selbstverwirklichungsprogrammes erfolgt. Es ist aber unsinnig, wenn Demagogen fordern, der Betrieb müsse dem Mitarbeiter die Möglichkeit zur Selbstverwirklichung bieten. Ein Unternehmen ist keine Heilsinstitution, die den Mitarbeiter an der Hand nimmt und ihm den Weg zu persönlicher Erfüllung weist.

Die Qualifizierung des Menschen als „Homo sapiens" weist indessen − neben der Überschätzung des Verstandes − ein weiteres Manko auf, wenigstens im amerikanisch-europäischen Kulturbereich: die Unterdrückung des Gefühlslebens.

Schon dem Kleinkinde wird beigebracht, Schmerzen „wie ein Mann" zu ertragen; man hüpft nicht vor Freude auf den Tisch und heult nicht, wenn man betrübt ist. Wir alle laufen ständig mit herabgelassenem Visier herum, um niemandem einen Blick in die Welt unserer Gefühle zu gestatten. Und da wir aufgrund dieser Erziehung nicht fähig sind, unsere Gefühle als biologische Notwendigkeit zu akzeptieren, sind wir auch nicht in der Lage, über unser Gefühlsleben zu sprechen oder die Gefühle eines anderen zu berücksichtigen. Dieses Verhalten, in der alten Eliteschicht als „Kontenance" verherrlicht, macht uns alle — mehr oder weniger — zu gefühllosen Robotern.

Der psychologisch erfolgreiche Mensch hingegen hat gelernt, seine Gefühle zu akzeptieren und auszudrücken. Und da dieses gefühlsmäßige „Flagge zeigen" die Voraussetzung für jede wirksame Verständigung ist, kann der „winner" tragfähige zwischenmenschliche Beziehungen aufbauen. Spontane Herzlichkeit und Offenheit machen ihn zum idealen Gesprächspartner für jedermann.

Symptomatisch für den psychologisch Erfolgreichen ist außerdem sein Verhalten zur Sexualität. Befreit von lustfeindlichen Keuschheitsprinzipien, hat der „winner" am eigenen Leibe erfahren, daß der Himmel auf Erden überhaupt nur in der sexuellen Vereinigung zweier ungehemmt liebender Individuen erlebt werden kann. Und während Angehörige der „gehobenen" Schichten die Erkenntnisse Sigmund Freuds bis zum heutigen Tage erbittert bekämpfen, haben sie andererseits die These dieses sexuell fehlprogrammierten Menschen begeistert aufgegriffen, das gewaltige sexuelle Energiepotential lasse sich durch geistige Leistungen sublimieren.

Und schließlich sei noch ein letztes Kriterium hervorgehoben, das den psychologisch Erfolgreichen von der Masse der Versager unterscheidet: sein ehrliches Bemühen, sich selbst realistisch zu sehen. Die Mehrzahl der Menschen würde sicherlich ohne zu große Furcht mit einer Rakete zum Mond starten; weil sie nämlich in etwa weiß, was sie dort erwartet. Andererseits fürchten dieselben Menschen nichts mehr als eine Erkundungsmission in ihr Inneres; daher auch die weitverbreitete Abneigung gegen Psychologen und ihre Tests. Nur große Geister haben den Mut, diese Exploration zu wagen; was Goethe einst in dem Bekenntnis formulierte: ,,Ich habe noch nie von einem Verbrechen gehört, das ich nicht selbst begangen haben könnte!'' Und nur der psychologisch Erfolgreiche, der diesen Tatbestand erfaßt hat, ist wirklich zu Toleranz und verstehender Nächstenliebe fähig. Während der Versager sich hinter einer sogenannten ,,öffentlichen Moral'' verschanzt und für jeden Abweichler von dieser Moral drakonische Strafen fordert.

Fassen wir zusammen: Der psychologisch erfolgreiche Mensch, von Meinungsmachern unserer Tage als ,,mündig'' etikettiert, hat sich die Freiheit erkämpft, sein Leben ohne Fremdmanipulation, gemäß einer autonomen Zielvorgabe, im Rahmen seiner Fähigkeiten auszukosten. Weil er die Devise ,,Hier bin ich Mensch, hier darf ich's sein'' zu einer Leitmaxime gemacht hat, ist er zu wirklichen zwischenmenschlichen Beziehungen fähig. Kommt nun zu diesen Eigenschaften ein ausgeprägtes Dominanzstreben hinzu, macht sich dieses Individuum auf den Weg zum Gipfel. Je nach seiner Gebundenheit in ethische Kategorien wird er von seiner Umgebung nicht nur als Führer bewundert, sondern auch noch als ,,Vaterfigur'' geliebt. Und weil die Masse der psychologisch Unmündigen Entscheidungen scheut und Verantwortung fürchtet, obliegt diesen ,,Führernaturen'' in der Regel die Bewältigung aller wesentlichen Entscheidungsprozesse.

A. Maslow kam bei seinem Studium der menschlichen Bedürfnisse bereits zu dem Ergebnis, daß unter 3 000 Versuchspersonen nur eine einzige den Weg zur Selbstverwirklichung beschritten hatte. Und Theodor Adorno äußerte nach Beendigung seiner Studie über den autoritären Charakter, in den westlichen Industriegesellschaften seien mindestens 70 Prozent aller Menschen ,,autoritätsverliebt''; das heißt, sie sehnen sich aus ihrem Unterbewußtsein nach einem starken Führer, der die Probleme dieser Welt für sie entscheidet und die Verantwortung dafür übernimmt. Und jeder Kenner unserer sozialen Szene wird mit meiner Meinung konform gehen, daß Adornos Zahl von 70 Prozent zu niedrig angesetzt ist.

Adorno hat übrigens in seiner weltberühmten Studie über die autoritäre Persönlichkeit ein Problem in voller Schärfe ausgeleuchtet, das in unserem Lande auch heute noch planmäßig verharmlost wird: die Bedeutung des Vorurteils im Leben der Menschen. Und weil gerade die ,,Unmündigen'' ganz besonders von Vorurteilen gelenkt werden, lohnt es sich, auf diese Problematik näher einzugehen.

Die Mediziner sprechen von einem ,,Syndrom'', wenn ein Krankheitsbild durch mehrere Symptome gleichzeitig geprägt wird. Analog dazu kann man von einem ,,Syndrom der autoritären Persönlichkeit'' sprechen; weil bei diesen psychologisch unreifen Menschen stets eine erkleckliche Anzahl von Fehleinstellungen vergesellschaftet ist. So finden sich beispielsweise folgende Einstellungen gewissermaßen gebündelt:

Man ist konservativ und hält um jeden Preis an der Überlieferung fest; der Vorrang des Mannes vor der Frau gilt als Dogma, weshalb man die Frau mit allen Mitteln von Politik und Wirtschaftsleben fernzuhalten versucht — vor allem von Führungspositionen; man fürchtet die Frauen insgeheim wegen ihrer sexuellen Ausstrahlung, degradiert sie zum willkürlichen Lustobjekt der Männer und zu ,,Gebärmaschinen der Nation''. So verhindert man mit pseudo-moralischen Argumenten ein Mündigwerden der Staatsbürger in sexueller Hinsicht — weshalb man sich mit Händen und Füßen gegen die sexuelle Aufklärung oder die freimütige Erörterung sexueller Themen sträubt — Aids hin, Aids her . . . Im übrigen hält man die Menschheit — außer sich selbst natürlich! — für verderbt, weshalb man dem steigenden Sittenverfall mit einer Verschärfung des Strafrechts und einer Wiedereinführung der Todesstrafe begegnen möchte; und selbstverständlich ist die Prügelstrafe das einzige sicher wirkende Erziehungsmittel, um tüchtige Menschen heranzuziehen. Kriege sind gewissermaßen Naturereignisse, die genauso regelmäßig über die Menschheit kommen wie Sommergewitter: weshalb man die Jugend zur Härte erziehen muß; aus diesem Grunde werden auch Kriegsdienstverweigerer als ,,Verräter'' betrachtet. Für Volk und Vaterland habe die Jugend von heute nichts mehr übrig, so wird geklagt. Deshalb teilt sie auch unbegreiflicherweise die altbewährte Anschauung nicht, daß das eigene Volk auf alle Fälle allen anderen Völkern haushoch überlegen sei. Und so weiter . . .

Warum das Problem der Vorurteile — übrigens auch von renommierten Autoren — so oft heruntergespielt wird, hat seinen tiefen psychologischen Grund: weil diese Fehleinstellungen allesamt Zeichen einer ausgeprägten Ich-Schwäche sind. Das bedeutet aber: das Vorurteil führt zu einer Ich-Prothese, zu einer künstlichen Verstärkung des Ich, die eine Flucht in den Wahn unnötig macht, weil die Selbstachtung des Voreingenommenen erhöht wird. Ich-Schwäche scheint der gemeinsame Nenner sozusagen aller psychopathologischen Entwicklungen zu sein. Im Begriff der Ich-Stärke hingegen liegt Realitätsangepaßtheit, Flexibilität, schöpferische Kraft, Beziehungsfähigkeit, Kommunikationsmöglichkeit, Angstfreiheit usw., alles Eigenschaften, die man beim Voreingenommenen vergeblich sucht.

Praxisbezogen, das heißt für den Alltag der ,,Menschen wie Du und Ich'' formuliert, bedeutet, was wir bisher zum Thema ,,Vorurteil'' erarbeitet haben: Die zu Vorurteilen neigende Persönlichkeit ist durch ein schwaches Ich gekennzeichnet. Ein solches Ego, das sich zudem seiner eigenen Schwäche bewußt ist, neigt dazu, seine beschränkte Macht gegenüber Schwächeren, die sich nicht verteidigen können, laut und vernehmlich zu demonstrieren. Die eigene Schwäche erzeugt nämlich nichts anderes als Angst, die durch ein möglichst aggressives Gebaren gegenüber einem Schwächeren zu kompensieren versucht wird — genau so, wie die eigene Machtlosigkeit gegenüber dem Vorgesetzten oft durch ein besonders despotisches Benehmen gegenüber der Familie aufgewogen wird.

Der zuletzt erwähnte Tatbestand, von den Psychologen „verschobene Aggression" genannt, wurde von einem Bergmann in folgender Weise illustriert: Der Betriebsführer hat schon beim Frühstück mit seiner Frau Krach, kommt nicht gegen sie an und saut die Steiger ab; diese kommen gegen den Alten nicht an und sauen die Kumpels ab; der Kumpel kommt mürrisch nach Hause und meckert mit der Frau rum, sie — dadurch nervös und ärgerlich — verprügelt die Kinder; die Kinder können sich wiederum nicht gegen die Eltern wehren und verplästern die Katze. Ob die weiß, wofür sie Haue gekriegt hat?

Fassen wir diese Betrachtung der Vorurteile und ihrer Auswirkungen zusammen: Menschen, die mit Vorurteilen belastet sind, leiden an Ich-Schwäche beziehungsweise einem stark verminderten Selbstwertgefühl und sind deshalb Neurotiker. Und eben hier liegt des Pudels Kern: All jene Zeitgenossen (mit akademischer Ausbildung), die diese Tatsache verniedlichen oder abwertend unter den Tisch kehren wollen, verschließen ihre Augen vor dem Faktum, daß in unserer Industriewelt die Zahl der Neurotiker von Tag zu Tag steigt. Deshalb ihr Mißtrauen und ihre Abneigung gegen Psychologen und Soziologen, die seit Jahrzehnten vergebens nach einer Änderung unseres Erziehungssystems rufen! Denn der „mündige" Staatsbürger und Mitarbeiter muß erst mit Hilfe der Psychologen in den kommenden Generationen herangezogen werden! Das will aber keiner wahrhaben, der sich selbst betroffen fühlt oder der aus einer politischen Zielsetzung heraus so tut, als ob wir den „mündigen" Menschen bereits hätten . . .

Bevor wir diese geraffte Beschreibung unseres Gegenwartsmenschen aus psychologischer Sicht abschließen, muß noch auf ein Phänomen verwiesen werden, das das Leben aller Menschen weitgehend mitbestimmt: das Phänomen der Angst.

Wie klarsichtige Autoren, von Wunderlich bis von Dietfurth, herausgearbeitet haben, sind wir alle von steinzeitlichen Menschheitserfahrungen geprägt, die unser Verhalten noch heute weitgehend bestimmen. Auch die Angst, unter der die Menschheit in toto leidet, hat ihre Wurzeln in jener Hunderttausende von Jahren zurückliegenden Epoche. Damit ist gemeint: Der Rückgang der eiszeitlichen Tierwelt, der Lebensbasis altsteinzeitlicher Jägervölker, und das Schwinden der Fruchtbarkeit des Bodens bei jungsteinzeitlichen Ackerbauern hat in der Menschheit ein Trauma, das heißt eine nie verheilende seelische Wunde, hinterlassen. Solche Ereignisse, in unserem Unbewußten gespeichert, demonstrieren uns, daß die Redewendung vom Menschen als dem „Beherrscher der Natur" nur sehr bedingt zutrifft.

Gewiß vermag der Mensch viel, und letztlich hat er meist die Natur in der einen oder anderen Weise überlistet. Aber er hat, im Laufe seiner Geschichte, mehrfach erleben müssen, wie ihm seine Lebensgrundlage unter den Füßen weggezogen wurde. So etwas vergißt der

Mensch nicht. Diese Lebensangst ist wohlbegründet und unauslöschlich eingegraben in das kollektive Empfinden der gesamten Menschheit. Und es ist ohne Zweifel ein Faktor für die Sensibilisierung unserer Zeitgenossen gegenüber dem Atommüll und der chemischen Vergiftung unserer Umwelt. Und manchen Menschen dämmert es, daß das Ozonloch letztlich die gleichen Auswirkungen haben wird wie eine Sintflut . . .

H. G. Wunderlich (,,Die Steinzeit ist noch nicht zu Ende'') weist u.a. darauf hin, daß die Angst des Frühmenschen vor dem Nichtvorherseh- und Nichtabwägbaren die Magie entstehen ließ. Daraus ergäbe sich für den heutigen Menschen, daß dieser nicht nur die berühmten zwei Seelen in seiner Brust hätte, sondern deren drei. Deshalb faßt Wunderlich den ,,Homo sapiens'' als eine Dreieinheit aus ,,Homo biologicus'', ,,Homo logo-technicus'' und ,,Homo magicus'' auf. Wobei er darauf verweist, daß die Existenz des ,,Homo magicus'' von modernen Psychologen viel zuwenig beachtet wird. Die Konsequenzen dieser Dreieinheit lassen sich wie folgt darstellen:

Von den drei unbewußten Partnern ist der biologisch programmierte zu sehr instinktgemäßen Automatismen unterworfen, der geistig-technische zu wesenslos-nüchtern, als daß sich der nach seelischem Halt und menschlicher Wärme sehnende Mensch voll damit identifizieren könnte. Es bleibt ein Rest der Sehnsucht zurück, nach Verständnis für innere Nöte, nach Befreiung von den Lasten des Alltags und von der Selbstverantwortung für alles Tun und Lassen. Religionsstifter,

Glaubenseiferer und Demagogen haben dies immer wieder erkannt und bewußt oder intuitiv für ihre Zwecke ausgenutzt. So tragen die meisten Weltreligionen, moralischen Systeme und politischen Bewegungen meist auch in irgendeiner Form diesem Hang zur Magie Rechnung. Der Mensch soll sich ganz einem Höheren überantworten, den eigenen Willen möglichst ausschalten, sich seiner irdischen Denkweise entäußern und die Verantwortung getrost auf die Institution übertragen. Ihm wird gesagt, was er im einzelnen zu tun oder zu lassen habe, und er darf sich ohne Gewissenskonflikte der höheren Einsicht (anderer!) anvertrauen. Mehr oder weniger deutlich altüberkommenen magischen Kulturformen entlehnte Rituale begleiten den Eingliederungsprozeß der Initianden. Der ausgefeilte Blut-und-Boden-Kult des Nationalsozialismus kann als ein Lehrbeispiel dieser Art von steinzeitlichen Initiativen dienen.

In der Gemeinschaft und unter dem Banne magischer Kultrituale sind offensichtlich Menschen aller Rassen, Völker und Religionen selbst zu barbarischen Entgleisungen andersdenkenden Mitmenschen gegenüber fähig, indem sie sich auf die Absolution durch einen Höheren berufen. Der dritte unbewußte Partner im Menschen hat demnach seine Kraft noch keineswegs verloren.

Wenn wir die Gedankengänge Wunderlichs akzeptieren, müssen wir zur Kenntnis nehmen, daß sowohl der „Homo biologicus" wie auch der „Homo magicus", deren „Lokalisation" weitgehend mit dem Begriff des „Unterwußtseins" zusammenfällt, im heutigen Menschen – und Mitarbeiter! – weit stärker ausgebildet ist, als die meisten Zeitgenossen ahnen oder wahrhaben wollen. Und daß diese beiden unbewußten Partner den dritten, den „Homo logo-technicus", ohne Zweifel beherrschen.

Mit anderen Worten: Die Angst ist eine Ur-Erfahrung des Menschen. Sie wird noch wesentlich verstärkt durch die Tatsache, daß der Mensch sich mittels seines Gehirnes die Folgen von befürchteten Katastrophen vorstellen kann, was die Angst gewissermaßen nochmals „hochschaukelt". Wobei es gar keine Rolle spielt, ob die Angst begründet ist oder nicht. Bekanntlich gibt es eine Menge sogenannter Angst-Psychosen, die jeder realen Grundlage entbehren.

Ängstliches Verhalten ist unter anderem durch Furcht vor Entscheidungen und den daraus folgenden Konsequenzen charakterisiert – für die man ja als Entscheider verantwortlich ist! Das Gefühl der Angst liefert uns also eine Erklärung für die Tatsache, daß wir im industriellen bzw. wirtschaftlichen Bereich zu wenige Mitarbeiter mit „Führungsqualitäten" haben.

Das Problem, dem sich jeder expandierende Betrieb konfrontiert sieht, heißt also: Wie bekomme ich aus dem Anteil nicht autoritätsverliebter Mitarbeiter möglichst viele erfolgreiche Führungskräfte heraus? (Siehe dazu auch mein „Chefbrevier"). Hier setzt die Aufgabe der Mitarbeiterschulung ein, die mit viel mehr Elan und Ausdauer als bisher betrieben werden muß. Denn die wenigsten Menschen sind in der Lage, den Sprung vom Mitarbeiter ohne Verantwortung zum verantwortlichen

Chef ohne persönliche Schwierigkeiten und finanzielle Verluste für das Unternehmen zu vollziehen. Die traditionelle deutsche Auffassung, daß ein zum Vorgesetzten beförderter Mitarbeiter seinen Führungsaufgaben schon gerecht werde, hat sich im großen Rahmen selbst widerlegt.

Da die Mehrzahl unserer Mitbürger vergangenheitsorientiert ausgerichtet ist, hat sie von der Zukunft nur vage Vorstellungen. Denn abgesehen davon, daß die meisten Menschen gar nicht in der Lage sind, gegebene Fakten richtig zu interpretieren und sie gewissermaßen „hochzurechnen", wollen sie das ja auch nicht. Es lebt sich doch in einer heilen Wunschwelt viel schöner und bequemer als in unserer realen Welt, die von bedrohlichen Tatsachen geprägt wird; wie beispielsweise von der Überbevölkerung, dem Zusammenbruch der Sowjetunion, dem Asylantenproblem, der Umweltverschmutzung und den „Golfkriegen" um die Rohstoffquellen unserer Erde. Allein diese fünf Problemkreise werden uns künftig in Konflikte stürzen, die ohne Beispiel in der Vergangenheit sind; und zu deren Bewältigung nur Individuen mit Führungsqualitäten und einer Vision befähigt sind – aber nicht irgendwelche Kollektive! Allein das klägliche Versagen der Europäischen Gemeinschaft bei der Lösung essentieller Probleme, wie etwa dem Jugoslawien-Zerfall, sollte in dieser Hinsicht alle Illusionen zerstört haben!

Damit sind wir beim Tenor dieser Schrift angelagt: die für die industrielle Arbeitswelt geforderte „Entscheidung im Team" ist eine Ersatzlösung, die ihre Ursache nicht im Aufbegehren mündiger Mitarbeiter hat, sondern in der schwachen Persönlichkeitsstruktur von Managern aller Ebenen. (Diese Tatsache habe ich in meinem „Chefbrevier" am Beispiel des „synthetischen Managers" erläutert). Die These von den sich selbststeuernden („autonomen") Gruppen geht von der Annahme aus, daß eine Gruppe von Mitarbeitern ohne Führungsqualität bessere Entscheidungen herbeiführen könne als ein einzelner Chef. Übersehen wird dabei völlig der Aspekt der Verantwortung: einen erfolglosen Chef kann man feuern — eine kollektivistisch organisierte Belegschaft nicht! Was die Situation verschlimmert, ist die Tatsache, daß die Gewerkschaften mit ihrer Forderung nach paritätischer Mitbestimmung so tun, als ob die größere Effizienz von Gruppen psychologisch Unmündiger eine gesicherte Tatsache sei. Dabei war der Zusammenbruch der „Neuen Heimat" und von „Co-op" nicht das Ergebnis kollektiver Führung, sondern basierte auf dem Machthunger unfähiger Funktionäre! Dieses „Lehrstück" im Brecht'schen Sinne demonstrierte wiedereinmal, daß ideologisierte Menschen zu realistischem Denken unfähig sind.

Um Mißverständnissen vorzubeugen, sei eines ganz klar herausgearbeitet: ich bin nicht der Meinung, daß es Gruppen grundsätzlich unmöglich sei, besser Entscheidungen zu fällen als einzelne Chefs. Das beweisen Tag für Tag „Projektgruppen" in großen Unternehmen. Aber: So, wie es heute von Management-Theoretikern vom Schreibtisch aus oder von Linksgruppen gefordert wird, geht es nicht! Daß man nämlich ein Unternehmen

oder eine Gesellschaft nur in „autonome Gruppen" umzuwandeln brauche, um bessere Entscheidungen zu erzielen! (Man stelle sich einmal SIEMENS als ein Konglomerat kollektiver Gruppen vor!). Jede aufgepfropfte
Systemveränderung muß scheitern! Warum? Erst muß
der Mensch verändert werden – dann das System!

Wir befinden uns fraglos in einer Zeit des Überganges. Wieso und warum, wird noch ausführlich erörtert
werden. Für diese Zeit des Umbruchs, die nach Meinung von Psychologen, Soziologen und Futurologen
noch mindestens bis zur Mitte des kommenden Jahrtausends andauern wird, kann die Forderung für alle
Führungskräfte in Staat, Wirtschaft und Industrie nur
heißen: „Im Zweifelsfall allein entscheiden!"

2. Kapitel:
Die Realität der Hinterwelt

Bevor wir uns dem Mitarbeiter unserer Tage, unserem Zeitgenossen also, zuwenden, wollen wir doch einen kurzen Blick auf die Menschheitsentwicklung unseres abendländischen Kulturkreises werfen; denn wenn wir einmal die These als richtig unterstellen, daß sich der Mensch unserer Tage zum „mündigen" Menschen gemausert hätte — dann müßten doch die Beschreibungen früherer Zeitgenossen ein wesentlich anderes Bild vom Mitmenschen ihrer Tage tradieren.

Bei einem der größten Denker des Abendlandes lesen wir über seine Zeitgenossen (frei übersetzt), daß sie anstatt nach Weisheit und Gerechtigkeit danach streben, Profit zu machen und Schätze anzuhäufen. Drohnenhafte Begierde auf der einen, bettlerhafte auf der anderen Seite haben einen Menschen entstehen lassen, der vom Ideal der ausgeglichenen, sittlichen Persönlichkeit weit entfernt ist.

Und welches ist das Schlagwort ihrer Demokratie? Freiheit! Die ganze Stadt hallt wider von Freiheit und unbeschränkter Meinungsäußerung. Es ist eine höchst vergnügliche Verfassung, die eine angebliche Gleichheit gleichermaßen an Gleiche und Ungleiche verteilt. Wie soll man indessen die Jugend erziehen, wenn alle gleich und alle gleich frei sind? Der Lehrer zittert unter solchen Verhältnissen vor seinen Schülern und schmeichelt ihnen; die Schüler aber machen sich nichts aus den Lehrern . . . Und überhaupt stellen sich die Jüngeren den Älteren gleich und treten mit ihnen in die Schranken in Worten und Taten; die Alten aber setzen sich unter die Jugend und suchen es ihnen gleichzutun, damit es nicht den Anschein erwecke, sie seien mißvergnügt oder herrisch . . . Schamhaftigkeit nennen sie Dummheit und verstoßen sie in ehrlose Verbannung; Mäßigkeit aber und häusliche Ordnung stellen sie als bäuerisches und armseliges Wesen dar . . . Die Unersättlichkeit im Reichtum aber und die Vernachlässigung alles übrigen um des Geldmachens willen führt zu ihrem Untergang. Denn diese Demokratie − löst sie sich nicht auch auf durch das, was sie als wertvollstes Gut bestimmt: die Freiheit?

Diese Schilderung erinnert an unsere gegenwärtigen Verhältnisse. Denn die mißverstandene Freiheit und die immer mehr um sich greifende Profitgier auf Kosten der allgemeinen Lebensqualität sind die wesentlichen Ursachen unseres kulturellen Niederganges. „Wie sich die Bilder gleichen!" kann man da nur erstaunt ausrufen. Allerdings stammt das alte Bild, als Schilderung der Verhältnisse vor 2400 Jahren, von einem der größten Männer des Abendlandes. Sein Name war Platon.

Seine Idee vom Staat, der von einer in 35 Jahren ausgefilterten Elite geführt werden sollte, ist oft verlacht und abgelehnt worden − obwohl Platons Staat viele Forderungen enthält, deren Verwirklichung auch von den Kommunen unserer Tage angestrebt wird.

Ein anderer erstaunlicher Geist, der 500 Jahre später lebte, der römische Kaiser Marcus Aurelius, war aufgrund seiner Erfahrungen mit den Menschen seiner Zeit schon viel bescheidener geworden. So schreibt er in seinen „Selbstbetrachtungen": „Hoffe nicht auf Platons Staat, sondern sei zufrieden, wenn das Kleinste vorwärtsgehen wird – und überlege dir, daß der Ausgang gerade davon nichts Geringes ist!" Und wie Marc Aurel zu solch einer pessimistisch-bescheidenen Einstellung gelangt war, geht aus einer anderen Stelle seines Werkes hervor. „Am Morgen sich vorsagen: Zusammentreffen werde ich mit einem taktlosen, undankbaren, einem unverschämten, arglistigen, einem neidischen, unverträglichen Menschen. Alle diese Eigenschaften ergeben sich für sie aus der Unkenntnis dessen, was gut und schlecht ist. Insofern ich meinerseits die Natur des Guten erfaßt habe, kann ich weder von einem dieser Menschen geschädigt werden – denn in Häßliches wird mich keiner verwickeln –, noch kann ich ihm zürnen oder mich mit ihm verfeinden." Wie wir sehen, hat auch Marc Aurel jenen Ausweg gewählt, auf den viele unserer intelligenten und frustrierten Zeitgenossen verfallen sind: Angesichts der unzulänglichen Menschheit zieht man sich auf das Lebenskonzept „Selbstverwirklichung" zurück . . .

Ein bedeutender Denker des Mittelalters, der die Herrschenden bis heute zu fanatischen Anhängern oder Gegnern hat, war von der Qualität seiner Mitmenschen ebenfalls nicht entzückt: Niccoló Machiavelli. In seinen Schriften, die wegen ihrer scharfsichtigen Analysen mit Recht bewundert werden, bedient er sich zur Beschreibung seiner Mitmenschen der bereits von Hesiod stammenden Typenklassifikation, die später auch von Goethe und Nietzsche übernommen wurde. Darin heißt es: ,,Denn es gibt dreierlei Köpfe: die einen verstehen von selbst; die zweiten können beurteilen, was andere verstehen; die dritten verstehen weder von selbst noch mit Hilfe anderer. Die ersten sind ausgezeichnet, die zweiten gut, die dritten unbrauchbar.''

Für Machiavelli, der als Politiker und Historiker die Menschheit seiner Tage überscharf beobachtete, war die Amoralität das erwiesene Charakteristikum der seinerzeitigen inhumanen gesellschaftlichen Situation. Deshalb riet er seinen Lesern: ,,Denn zwischen dem Leben, wie es ist und wie es sein sollte, ist ein so gewaltiger Unterschied, daß, wer das, was man tut, aufgibt für das, was man tun sollte, eher seinen Untergang als seine Erhaltung bewirkt; ein Mensch, der immer nur das Gute tun wollte, muß zugrunde gehen unter so vielen, die nicht gut sind.''

Einer der größten Denker der Neuzeit, Arthur Schopenhauer, ist wegen seiner pessimistischen und abwertenden Äußerungen über seine Mitmenschen weithin bekannt. Zum Teil beruhen seine mißfälligen Auslassungen über den gewöhnlichen Menschen, ,,die Fabrikware der Natur'', auf persönlichen Konflikten. Bei der gängigen Verketzerung dieses Genies wird allerdings ein wesentliches – und bleibendes – Verdienst Schopenhauers übersehen: Daß er der Philosophie die Augen geöffnet hat für die dunkle Tiefe, die im Menschen unterhalb der Oberfläche des Bewußtseins liegt. Die großen Dichter aller Zeiten haben sie gekannt oder geahnt. Doch in der abendländischen Wissenschaft war Schopenhauer der erste, der den Weg zu einer Philosophie und Psychologie des Unbewußten erschlossen hat. Er kann deshalb als ein Vorgänger Freuds betrachtet werden, der uns zum ersten Male die Augen für die untergründigen Motive menschlichen Verhaltens öffnete — und zwar in einer Sprache, die an Klarheit nichts zu wünschen übrig läßt. Hat Schopenhauer auch seine wohlbegründete Menschenverachtung in die Welt hinausgeschrien — er hat uns zugleich einen Schlüssel für das wahre Verständnis menschlichen Verhaltens geliefert.

Ein Geistesverwandter Schopenhauers, der von ihm auch tief beeinflußt worden war, war Friedrich Nietzsche. Im Gegensatz zu Schopenhauers Pessimismus jedoch hat sich Nietzsche einen konstruktiven Optimismus bewahrt, der in seiner Prophezeiung gipfelte: ,,Seht, ich lehre euch den Übermenschen!'' Er, der wie kein anderer vor oder nach ihm den Menschen in seiner ganzen Dürftigkeit erkannt hatte und für den Massenmenschen seiner Zeit den treffenden Ausdruck ,,Hinterweltler'' erfand — er war zugleich davon überzeugt, daß es für den Menschen einen Weg aus dem Dilemma gäbe — und zwar aus eigener Kraft. Denn worin besteht das Wesen der Welt? ,,Diese Welt ist der Wille zur Macht — und nichts außer dem! Und ihr selbst seid dieser Wille zur Macht — und nichts außer dem!''

Was heißt das? In diesen Worten liegt Nietzsches Absage an alle ,,Meta-physik'': an alle Versuche der Philosophie und Religion, neben, hinter oder über der realen Welt noch eine zweite, ,,ideale'' Welt zu sehen oder zu denken. „Gott ist tot" – dieses Wort, das Nietzsche seinen Zarathustra aussprechen läßt, ist die Kurzformel für diesen einen Gedanken.

„Ich beschwöre euch, meine Brüder, bleibt der Erde treu, glaubt denen nicht, welche euch von überirdischen Hoffnungen reden! Giftmischer sind es, ob sie es wissen oder nicht."

Friedrich Nietzsche hat seine prophetischen und beschwörenden Worte vor mehr als hundert Jahren geschrieben. Abgesehen von seinem besonderen psychologischen Scharfblick und seiner dichterischen Kraft, die ihn als Ausnahmegestalt unter allen bedeutenden Denkern des Abendlandes erscheinen läßt, deckt sich seine Meinung über seine Mitmenschen absolut mit jener der von mir recht subjektiv ausgewählten übrigen Zeugen. Sie alle waren sich – über einen Zeitraum von 2 500 Jahren – darüber einig, daß der Mensch schwach, träge, egoistisch und neidisch sei und vorwiegend vom Unbewußten gesteuert sei. Es waren immer nur die wenigen einzelnen, die Initiative ergriffen, Entscheidungen fällten und Verantwortung übernahmen, getreu dem nicht widerlegbaren Motto: „Persönlichkeiten machen Geschichte!"

Da heute der „mündige Staatsbürger" beziehungsweise der „mündige Mitarbeiter" als Tatsache hingestellt wird, müßte sich ja der Mensch in den letzten hundert Jahren gewaltig gewandelt haben. Die Psychologie hat ihm in der Tat Werkzeuge zur Selbstverwirklichung an die Hand gegeben, die den früheren Generationen unbekannt waren. Wollen wir also einmal resümieren, wie Psychologen und Soziologen unserer Tage ihre Mitmenschen sehen . . .

Nun gibt es zwei Möglichkeiten, ein Resümee nutzbringend anzulegen: Man kann sich mit der bloßen Aufzählung jener Eigenschaften und Verhaltensweisen begnügen, die von Psychologen und Soziologen als charakteristisch für den Menschen unserer Tage beschrieben worden sind. Oder man kann zunächst den geschichtlich-weltanschaulichen Hintergrund ausleuchten, auf dem erst diese Verhaltensweisen voll verständlich werden. Ich habe mich zum zweiten Weg entschlossen, wobei ich teilweise den Gedanken Gordon R. Taylors folge (,,Das Experiment Glück'').

Der Kulturkreis des Abendlandes wurde in den vergangenen 2 000 Jahren vom ,,Vater'' beherrscht. Und weil das lateinische Wort für Vater ,,pater'' heißt, sprechen wir vom Zeitalter des Paternismus, in dem wir seit langem leben. Das Gegenstück dazu ist der ,,Maternismus'', der sich von der lateinischen Bezeichnung ,,mater'' für ,,Mutter'' ableitet. Der Maternismus war zu allen Zeiten auf der Welt weiter verbreitet, als die meisten Menschen ahnen — vor allem in den sogenannten primitiven Kulturen. Es sei hier nur am Rande erwähnt, daß die Menschen in den von uns meist abwertend ,,primitiv'' etikettierten Kulturen bedeutend glücklicher lebten — was allein durch das Fehlen neurotischer Typen signifikant in Erscheinung tritt.

Der Paternismus, der uns unter anderem einen strafenden Vatergott beschert hat, vereinigt zwei Ideen: Hierarchie und Disziplin. Das heißt, die Ordnung als essentielles Prinzip für das Individuum und die Gesellschaft ist einer der Grundpfeiler dieser Weltanschauung. Für den Paternisten ist die Vergangenheit das Werk seiner Vorfahren; deshalb wünscht er diese Vergangenheit festzuschreiben und ist zwangsläufig konservativ. Immer hegt er den Verdacht, daß jede Veränderung nur zum Schlechten führen wird, und stemmt sich deshalb gegen alle Reformen. Die in der „öffentlichen Moral" festgelegten Ge- und Verbote des Über-Ichs werden als allein gültig dekretiert, weshalb der Paternist mit Eifer gegen all jene vorgeht, die sich über diese öffentliche Moral hinwegsetzen; dies gilt besonders auf dem Gebiet des Sexuellen, was zur Entstehung einer prüden Doppelmoral führte. In einer Gesellschaft, in der der Mann tonangebend ist, wird die Frau zwangsläufig abgewertet. Sie hat sich auf die traditionellen drei K's: Kinder, Küche, Kirche zu beschränken und wird auch heute noch an jeder ernsthaften Emanzipation gehindert.

Dem inneren, starren Ordnungsprinzip dieser Geisteshaltung entspricht das starre Fixiertsein auf feste Formen und Riten. So ist es symptomatisch, daß Top-Positionen in unserer Gesellschaft häufig von Juristen okkupiert wurden – von einer Gruppe also, die Leben in tote Paragraphen zwängt, ohne auf die Bedürfnisse, Hoffnungen und Erwartungen der reglementierten Mitmenschen Rücksicht zu nehmen. Dieselbe Gesinnung manifestiert sich in der Herrenmode, die (noch) einen Zug zur farblosen Uniformität aufweist. Allerdings ist der zuweilen schreiend bunte „Boutique-Stil" bei den jüngeren Männern unübersehbar im Vormarsch. Interessant ist auch die Einstellung zur Zeit. Der Paternist lebt einerseits aus der Vergangenheit – andererseits plant er in die Zukunft. Die mittelalterlichen Dome sind von Paternisten erbaut worden: das heißt von Menschen, die ein Werk im Bewußtsein begannen, seine Vollendung nicht zu erleben. Dafür kam bei ihnen das Leben in der Gegenwart zu kurz. Dies ist übrigens ein typischer Zug des Christentums, das unser Leben vorwiegend als eine Durchgangsstation auf dem Weg in die Ewigkeit sieht.

Ganz anders stellt sich die geistige Einstellung der Maternisten dar. Ihr Gott ist die Mutter, zum Beispiel als ,,Mutter Erde" (,,Gaia") verehrt. Deshalb haben Maternisten eine andere Einstellung zur Natur, die sie hegen und pflegen; während der Paternist die Natur rücksichtslos umgestaltet und ausbeutet, wenn es seine Zielsetzung erfordert.

Herausragendes Kriterium des Maternismus ist die Duldsamkeit, das heißt die Toleranz gegenüber Andersdenkenden. Dies gilt ganz besonders für die Sexualität, wo ein freies Sichausleben als natürlich empfunden und deshalb mit keinerlei Restriktionen belegt wird. Und während der Paternist die Ordnung heiligt, lebt der Maternist aus der Spontaneität: Er haßt jegliche Reglementierung und will zu jeder Zeit so leben, wie es ihm gerade in den Sinn kommt. Die Vergangenheit ist für ihn tot, und für die Zukunft fehlt ihm die Phantasie. Er möchte seine Ideen sofort verwirklichen – und wenn ihm dies nicht gelingt, gibt er sein Vorhaben enttäuscht auf. Und während der Paternist, entsprechend seiner hierarchischen Einstellung, Eliten favorisiert und von der dumpfen Masse nichts hält, vertritt der Maternist die genau entgegengesetzte Einstellung: Alle Menschen sind mehr oder weniger begabt und in ihren Rechten grundsätzlich gleich. Deshalb vertritt er das demokratische Prinzip in Staat und Wirtschaft. Schließlich blickt der Paternist in der Regel mit Sorgen in die Zukunft und fürchtet unkontrollierbare Entwicklungen, die ihn pessimistisch stimmen. Der Maternist hingegen neigt einem gefährlichen Optimismus zu: Irgendwie wird sich alles schon zum Besten wenden . . . Reflektiert man diese historischen Entwicklungen menschlicher Grundeinstellungen, so wird einem auch klar, warum sich unsere Gesellschaft heutzutage außergewöhnlichen Konflikten gegenübersieht: Möglicherweise neigt sich in den westlichen Industrienationen das paternistische Weltbild seinem Ende entgegen. Das Pendel schlägt in Richtung Maternismus aus — und daraus resultieren sicherlich viele unserer gegenwärtigen Schwierigkeiten. Denn während ein noch ziemlich kleiner Teil unserer Gesellschaft, vor allem die Jungen und die geistig Flexiblen, bereits maternistischen Einstellungen huldigt, verteidigt das paternistische Establishment seine überlieferten Anschauungen und Positionen mit Zähnen und Klauen. Die deutsche Vereinigung und, in ihrem Rahmen, die (angebliche) Verlegung der Regierung in die neue ,,Hauptstadt Berlin'' (nach einer Bundestagsdebatte ,,mit hohem Nivau'') sind Musterbeispiele jener heuchlerischen konservativen Grundeinstellung, die von nacktem Egoismus geprägt in erster Linie dafür kämpft, ihren Besitzstand zu wahren. Die psychologische und soziale Situation un-

serer „Brüder und Schwestern" aus den neuen „Ost-
ländern" interessiert die Herren Bonn-Paternisten nicht
im geringsten . . .

Nachdem wir den geistesgeschichtlichen Hintergrund
aufgedeckt haben, können wir uns dem speziellen Verhalten unserer Mitmenschen zuwenden. Wie sieht der
Mensch unserer Tage, von manchen Kritikern als „kon-
sumierender Spießbürger" bezeichnet, wirklich aus? Der
Begriff „Hinterweltler", wie er von Nietzsche geschaffen wurde, meint einen Menschen, der „hinter der
Welt", das heißt hinter der realen Welt unseres Seins,
lebt. Mit anderen Worten: Er will weder sich selbst noch
die Welt, in der er lebt, realistisch sehen. Warum dies
so ist, und welchen Einfluß die Hinterweltler in unserer Gesellschaft ausüben, besonders wenn sie Führungspositionen in Staat und Wirtschaft innehaben – das ist
das Thema unser folgenden Überlegungen.

Jeder Sozialisierungsprozeß unterliegt einem globa-
len Gesetz: Wo immer sich zwei oder mehrere Individuen im Gruppenverband organisieren und eine Gemeinschaft bilden, entwickeln sich automatisch spezifische
Verhaltensmuster. Das heißt: Existenz und Struktur sind
komplementär – ebenso wie Individuum und Gruppe.
Keines besteht ohne das andere. Leben bedeutet also
Bindung; es ist die angeborene oder erlernte Bereitschaft
zur Subordination an die supraindividuelle Notwendigkeit. Oder, weniger „wissenschaftlich" formuliert: Der
einzelne ist ohne Unterwerfung unter eine Gruppe und
deren Rituale nicht lebensfähig.

Wenn wir von Bindung reden, dürfen wir auch deren Gegenteil nicht vergessen: die Freiheit. Im Gegensatz zum Tier besitzt der Mensch Freiheit — die Freiheit der Wahl. Das heißt, er kann entscheiden, was er aus sich selbst machen, wohin er sich entwickeln, welchen Sinn er seinem Leben geben will.

Hier muß allerdings eine Einschränkung grundsätzlicher Art gemacht werden. Es ist völlig klar, daß die Freiheit eine Fiktion ist — genauso wie beispielsweise die Gerechtigkeit. Aus diesem Grunde besitzen viele Menschen zwar theoretisch diese Freiheit, die ihnen im Grundgesetz schriftlich garantiert ist — aber in praxi sind sie dieser Freiheit bereits verlustig gegangen, ehe ihr Verstand so weit entwickelt war, den Inhalt des Begriffes ,,Freiheit'' zu erfassen! Weil wir alle in Elternhaus und Schule so nachdrücklich programmiert werden, daß uns selbst das Streben nach dieser fiktiven Freiheit nichts mehr bedeutet.

Wenn sich ein Mensch, beispielsweise ein Sektierer oder ein politisch Ideologisierter, bedingungslos den Gesetzen seiner Organisation unterwirft, bezeichnen wir ihn als dumm; wobei durch diese umgangssprachliche Klassifizierung nichts darüber gesagt wird, ob dieser Mensch von Haus aus dumm ist. Das heißt: Man sollte stets zwischen angeborener und anerzogener Dummheit unterscheiden.

Damit sind wir an der Wurzel allen Übels angelangt: bei unserem Erziehungssystem! Allein davon, wie ein Mensch erzogen wird, hängt es ab, ob er später einmal tolerant oder intolerant sein wird. Deshalb verteidigt die Hinterwelt, zu deren signifikanten Merkmalen die Intoleranz gehört, unser Erziehungssystem gegen Reformversuche jeder Art. Wobei die tiefenpsychologische Wurzel dieses Festhaltens am Status quo nichts anderes als nackte Angst ist. Um diese Zusammenhänge besser zu verstehen, wollen wir zunächst die Entstehung von Toleranz und Intoleranz aus psychologischer Sicht betrachten:

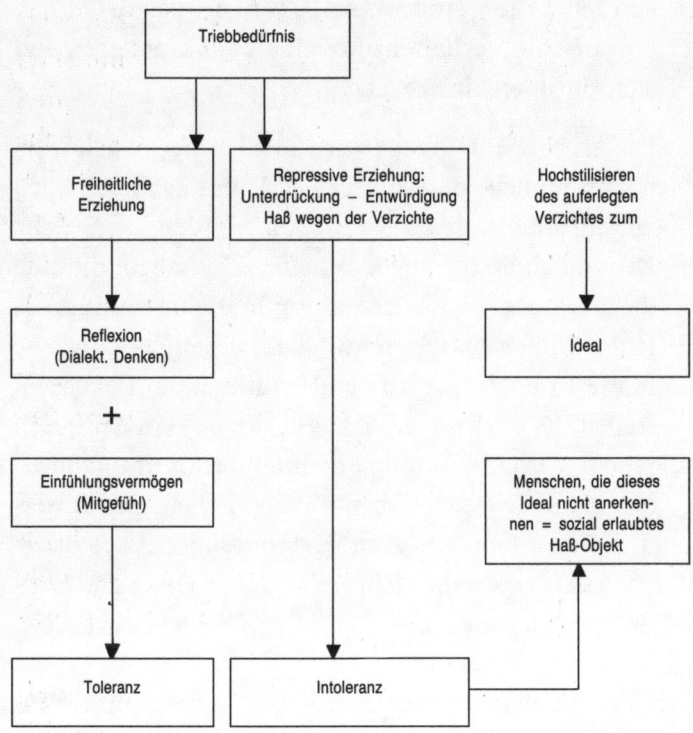

Die Graphik will also offenlegen: Menschen, deren natürliche Triebbedürfnisse von Kindheit an unterdrückt werden, machen eine mehrgleisige Entwicklung durch:

1. Sie werden gewissermaßen zu Triebkrüppeln, da sie ihre Triebe verdrängen müssen — denn ein angeborener Trieb ist durch nichts aus der Welt zu schaffen!

2. Die Energie, die hinter den Trieben steckt, wird aufgestaut und schlägt besonders leicht in Aggressionen um. Diese Aggressionen richten sich vorwiegend gegen jene, die ,,anders'' sind, weil sie das öffentlich gewünschte Verhaltensmodell nicht akzeptieren und sich darüber hinwegsetzen.

3. Die ererbte Intelligenz wird infolge der engen Verhaltensmodelle und zahlreicher Tabus gehindert, sich zu entfalten: diese Menschen werden also ,,zur Dummheit erzogen''. Das heißt: Menschen, die eine derartige repressive Erziehung hinnehmen mußten, leiden immer an Ich-Schwäche. Diese Ich-Schwäche hindert sie daran, sich den Realitäten des Lebens zu stellen. Es ist die schiere Angst, die sie veranlaßt, sich jenem Verhaltensmodell bedingungslos unterzuordnen, dem die meisten ebenfalls gehorchen. Damit werden diese Menschen zum Bestandteil jener oft zitierten ,,schweigenden Mehrheit'', der ,,Gesetz und Ordnung'' über alles geht.

Nach diesen generellen und psychologischen Anmerkungen sind wir hinreichend vorbereitet, das Verhalten der Hinterweltler näher unter die Lupe zu nehmen. Oder, als Frage formuliert: Welche Eigenschaften und Verhaltensweisen kennzeichnen einen ,,Hinterweltler''?

2.1 Die moralisch-ethische Primitivität

Hinterweltler wollen nicht begreifen oder zugeben, daß alle Weltordnungen relativ sind. Ganz im Gegenteil: ihre Welt ist durch eine klare Schwarz-Weiß-Malerei gekennzeichnet. Sie halten sich an starre Denk- und Verhaltensnormen und sind zu keiner wertfreien Beurteilung fähig. Solch ein Mensch kennt − und zwar haarscharf! − die Grenzen von Gut und Böse: deshalb versteht er sich auch als Wächter und Repräsentant der herrschenden Moral und fühlt sich allzeit legitimiert, zu loben oder zu tadeln.

Was gut oder schlecht, was erlaubt oder nicht erlaubt ist, steht einwandfrei fest. Sollte es gelegentlich an kodifizierten Verhaltensnormen fehlen, so entscheidet das „gesunde Volksempfinden". So ist stets für Ruhe und Sauberkeit gesorgt. Alles jedoch, was vom gewohnten Schema dieser Scheinwelt abweicht, stört und wird (nach Möglichkeit) getilgt. Was einem Hinterweltler anerzogen worden ist, gilt ihm als recht und heilig − auch wenn es stupide, anachronistisch und antihuman ist. Sein starres Weltbild bedarf keiner Korrektur. Und wer es verletzt oder kritisiert, wird mit gnadenlosem Haß verfolgt.

2.2 Das Absolutsetzen der eigenen Situation

Der Hinterweltler weigert sich, die Realität des Seins anzuerkennen. Er käme nie auf die Idee, etwa wahrzunehmen, daß sich ein Hopi-Indianer nur als treuer Stammesangehöriger entwickeln kann, der sich nach den überlieferten Sitten seiner Väter verhält; oder daß sich ein „Rotchinese" in der Regel zu einem konformen Genossen entwickelt, dem die Satzungen der unfehlbaren Partei sakrosankt sind. Käme ein Mensch in einem überwiegend katholischen Landstrich zu Welt, würde er sich, ganz selbstverständlich, dem Einmaleins des Katechismus unterwerfen. Würde er in ein islamisches Territorium hineingeboren, gälte ihm das Schwein als unrein — und in Indien die Kuh als heilig. Und so weiter . . .

Dies alles nimmt der Hinterweltler nicht zur Kenntnis. Er pflegt eine „Splendid Isolation", erfreut sich am eigenen Nestgestank und sieht auf andere Völker mit Verachtung herab. Da er seine Lebensnormen als absolut richtig empfindet, hat er im Grunde seiner Seele nichts dagegen, daß man, beispielsweise, Kurden mit Giftgas ausrottet. Um das nichtvorhandene Mitleid zu demonstrieren, zahlt man auf ein Spendenkonto (Stichwort „Kurdenhilfe") und vergißt nicht, diese spontane Hilfsaktion den Nachbarn zu berichten . . .

2.3 Aggressionsbereitschaft gegen alle, die „anders" sind

Bevor wir diesen Punkt näher beleuchten, sei ein Ausflug in die Verhaltenspsychologie der Tiere erlaubt. Wie wir seit Darwin wissen, verlangt der „struggle for life", daß sich eine Art gegen das Eindringen anderer in ihr Revier zur Wehr setzt. Wir sprechen in diesem Zusammenhang von einer intraspezifischen Aggression. Allerdings hat die Natur hier einen Hemm-Mechanismus eingebaut. Dem Angreifer wird, wenn er dies durch eine „Demutshaltung" zu erkennen gibt, die Chance zur Flucht eingeräumt. Durch dieses angeborene „Gesetz zur Fairneß" wird verhindert, daß sich Genossen derselben Art gegenseitig ausrotten.

Von diesem, im gesamten Tierreich geltenden Verhalten, gibt es eine einzige Ausnahme, die erstmals Lorenz mit Erstaunen und Abscheu beschrieben hat: das Verhalten der Ratte. Ratten kennzeichnen ihr Revier durch das Anbringen von Duftspuren. Verirrt sich nun die Ratte einer fremden Sippe, die naturgemäß auch anders riecht, in so ein markiertes Revier, dann geschieht folgendes: Die fremde Ratte wird eingekreist; und obwohl sie sich, ohne auch nur den geringsten Versuch zur Gegenwehr zu unternehmen, ängstlich duckt, wird sie von der feindlichen Herde angegriffen und langsam und qualvoll zu Tode gebissen — bis nur noch einzelne Knochenreste des Opfers herumliegen. Lorenz nennt dieses Verhalten die „paradoxe Aggression" und bemerkt hierzu: „Es ist durchaus möglich, daß der Parteihaß, der zwischen Rattensippen herrscht, wirklich nur eine Erfindung des Teufels ist, die zu nichts gut ist."

Leider ist diese paradoxe Aggression auf der Welt keine Einzelerscheinung. Finden wir sie auch im Tierreich kein zweites Mal — ausgerechnet der Mensch, der sich bei jeder Gelegenheit als „Homo sapiens" apostrophiert, verhält sich um keinen Deut humaner als die Ratte. Wieder sind es die Hinterweltler, die jeden, der irgendwie „anders" ist als ihr Kollektiv der „schweigenden Mehrheit", mit geradezu tierischem Haß verfolgen. Mit der blinden Wut der Ratte stürzt man sich auf alle sogenannten A-Normalen oder Abartigen, als da sind: Juden, Zigeuner, Asylanten, Schwule, Transvestiten und so weiter. Uneheliche Kinder werden in weiten Teilen unseres Landes immer noch wie Aussätzige behandelt. Und wozu „die Menschheit" fähig ist, demonstrieren uns soeben (stellvertretend) die Bürgerkriegsparteien in Jugoslawien: Da werden nicht nur die Kämpfer der feindlichen Streitkräfte niedergemacht, nein — alte Männer, Frauen und Kinder werden viehisch abgeschlachtet.

Mit anderen Worten: Die Angehörigen der Hinterwelt denken stets in einem primitiven Freund-Feind-Schema. Sie unterscheiden sich darin in keiner Weise von brasilianischen Kopfjägern; wie beispielsweise von den Mundurucu-Indianern, von denen berichtet wird, daß sie die gesamte Welt unterteilen in sich und die „Pariwat" — das heißt, alle übrigen. Nur sich selbst empfinden sie als Menschen; alle übrigen aber — eben die Pariwat — dürfen nicht nur, sondern müssen sogar ausgerottet werden.

Dieselbe Geisteshaltung vertreten die Mitglieder des Ku-Klux-Klan, für die Neger keine Menschen sind. Genau wie für den Antisemiten der Jude nichts weiter als ein Ungeziefer ist, das vernichtet gehört. Deshalb erfindet auch jedes faschistoide System sofort einen „Staatsfeind Nummer 1", auf den alle Aggressionen der heimatlichen Hinterwelt gelenkt werden. Hitler schlug in dieser Beziehung gleich zwei Fliegen mit einer Klappe:

Er warf die jüdischen „Untermenschen" mit den bolschewistischen in einen Topf, indem er stets von der „jüdisch-bolschewistischen Weltverschwörung" sprach.

In diesem Verhalten spiegelt sich im übrigen das Primärmodell aller zwischenmenschlichen Konflikte: die Spannung zwischen dem Individuum und dem Kollektiv. Paßt sich das Individuum an, bleibt es vor der kollektiven Wut verschont; unterscheidet es sich aber störend vom Norm-Schema, wird es als Fremdkörper abgelehnt und ausgestoßen.

2.4 Die Überbewertung des formellen Rahmens

Das Erbe des Imperium Romanum, Vorbild aller faschistoiden Systeme, wird von der Hinterwelt getreulich weitergeführt und gepflegt. Es manifestiert sich nach außen an der Vorliebe für erstarrte Verhaltensformen und an der Zurschaustellung eines ritualisierten Pomps. Hervorragende Bewahrer erstarrter Formen sind häufig Juristen, die lebendiges Leben in Paragraphen und „Durchführungsbestimmungen" gießen und sich konstant weigern, anachronistische Gesetzestexte der Wirklichkeit anzupassen.

Die gleiche Denkungsart finden wir in den Behördenapparaten von Staat und Wirtschaft. Die anachronistische Titelwirtschaft, die fixierten Statussymbole der Chefs verschiedener Ebenen, das demütigende und schikanöse Formularunwesen passen genau in diesen Rahmen. Denn all diese Rituale — und das ist das tragi-

sche an dieser Angelegenheit – verschleiern vor allem
eines: das Fehlen von Menschlichkeit. Ein unbeschol-
tener Bürger, der einmal in die Mühlen der Justiz ge-
rät, ist verloren. Er wird nicht als Mensch gesehen und
behandelt, sondern als Objekt, mit dem man im Dschun-
gel der Paragraphen und institutionalisierten Verfah-
rensabläufe Schindluder treibt. Und wenn man in Konzernen als Angestellter immer wieder hört: ,,Bei uns
macht man das so!", bedeutet dies in praxi nichts anderes, als daß man sich an so viele geschriebene und un-
geschriebene Regeln halten muß, daß Menschlichkeit
und Individualität auf der Strecke bleiben müssen.

Wir können also zusammenfassend feststellen: Die
Insignien einer Gesellschaft, deren Gemeinwesen in For-
malismus erstarrt ist, heißen: geistige Inzucht, kreati-
ver Stillstand und schöpferisches Versagen. Eine solche
Gesellschaft verhält sich entsprechend dem Sprichwort
vom ,,silbernen Nixerl im goldenen Schachterl", das
heißt: Der minderwertige Inhalt wird durch eine auf-
wendige Verpackung verschleiert.

2.5 Das autoritäre Behagen

Unsere Gesellschaft leidet noch heute an den Folgen der
sogenannten Scholastik, die im 13. Jahrhundert ihren
Höhepunkt erreicht hatte. Damals lehrten Männer wie
Albertus Magnus, Thomas von Aquin und Bonaventura,
daß alles, was Aristoteles geschrieben hatte, absolut richtig sei. Ja, mehr noch: Es galt als heilig! Diese Gläu-
bigkeit an die Autorität des Aristoteles gipfelte in der

häufig gebrauchten Formel: ,,Ipse dixit — ER hat es gesagt!"

Die Epoche der Scholastik muß sich aus heutiger Sicht den Vorwurf übertriebener Autoritätsgläubigkeit gefallen lassen. Es wurde nämlich auf die Bildung einer eigenen Meinung kein Wert gelegt. Vielmehr studierten Schüler und Studenten in blindem Eifer die Disziplinen der Theologie und Philosophie, welche in doppelter Hinsicht determiniert waren: durch den starren Lehrsatz des katholischen Dogmas und durch die Autoriät des Aristoteles beziehungsweise der Kirchenväter.

Manfred Schlapp, dem ich wertvolle Anregungen zum Thema ,,Hinterwelt" verdanke, berichtet eine Episode, die symptomatisch für die Geisteshaltung der Scholastik ist: Im Refektorium eines Klosters diskutierten die Mönche nach dem Abendessen über allerlei Alltagsprobleme. Plötzlich entstand ein Streit darüber, wieviel Zähne wohl ein Pferd habe. Nachdem man sich über dieses Problem nicht einigen konnte, kamen die Padres überein, bei Aristoteles nachzuschlagen und schickten einen Bruder hinaus, um aus der Bibliothek das Buch des Aristoteles ,,Über die Teile der Tiere" zu holen. Da meldete sich ein Novize zu Wort und schlug vor, doch einfach in den Pferdestall zu gehen und einem Pferd das Maul zu öffnen, um die Zähne zu zählen. Denn nur aufgrund einer empirischen Prüfung könnte exakt festgestellt werden, wie groß die Anzahl der Zähne in der Tat sei. Darauf erhob sich im Saale allgemeines Protestgeschrei, und der vorwitzige Mönch wurde auf Befehl des Abtes unverzüglich mit Ruten gezüchtigt, weil er es gewagt hatte, die Autorität des Aristoteles in Frage zu stellen.

Sollten Sie der Ansicht sein, verehrte Leser, diese Autoritätsgläubigkeit gäbe es im demokratischen Staat nicht mehr, so wäre dies ein unverzeihlicher Irrtum. Als einzigen Beweis unter vielen möglichen möchte ich die Versuche des amerikanischen Psychologen Milgram anführen, der die bekannten Grausamkeitstests entwickelt hat:

Versuchspersonen, die die Rolle von „Lehrern" übernehmen, werden angehalten, unfolgsame und widerspenstige „Schüler" mit Stromstößen steigender Intensität zu strafen. In Wirklichkeit ist die Situation nur fingiert. Die Leitung ist ohne Strom, die „Schüler" spielen nur Theater, aber die „Lehrer" wissen das nicht und halten die Schreie ihrer Schüler für einen echten Schmerzensausdruck. Im Laufe des Experiments befiehlt der Versuchsleiter den „Lehrern", trotz der Schreie der „Schüler" mit der Steigerung der Stromstöße fortzufahren. Das Versuchsresultat erschütterte den Wissenschaftler: 60 % der „Lehrer" gehorchten bis zur Austeilung vermeintlicher 450 Volt-Schocks. Auch in den USA, so folgert Milgram, wären mühelos „genügend moralische Kretins" als Aufseher für ein KZ anzuwerben.

Die Milgramschen Versuche wurden in Deutschland mehrfach wiederholt — allerdings fiel hierzulande das Ergebnis noch negativer aus: 85 % der Versuchspersonen kamen ohne Skrupel den Anweisungen des Versuchsleiters nach. Interessant ist in diesem Zusammen-

hang auch noch die Tatsache, daß selbst junge „Linke",
denen eine antiautoritäre Gesinnung nachgesagt wird,
sich nicht anders verhielten als langgediente subalterne
Beamte.

Das heißt: Der deutsche Untertan hat, egal aus welchen Kreisen er kommt, in seiner Autoritätshörigkeit
nichts hinzugelernt. Das zeigt unter anderem auch die
Tatsache, daß bei den Deutschen in punkto Kindererziehung „Gehorsam" im Katalog kindlicher Tugenden
immer noch an erster Stelle rangiert; und daß ein be-
achtlicher Prozentsatz der Nachkriegsdemokraten die
Prügelstrafe für ein angebrachtes Erziehungsmittel hält.
So ergaben diesbezügliche Umfragen, daß 80 % der
Bundesbürger (West) die Prügelstrafe als eine adäquate
Methode zur Erziehung braver Kinder erachten — die
meisten von ihnen haben sicherlich die Plakette „Ein
Herz für Kinder" am Auto. Daß 18 % für eine gele-
gentliche Anwendung derselben plädieren und daß nur
2 % grundsätzlich dagegen sind. Versucht man, den ne-
bulosen Begriff „brav" zu definieren, so kommt zutage,
daß in ihm drei Unterbegriffe vereint sind: blinder Gehorsam, Autoritätsgläubigkeit und Kritiklosigkeit.

Fazit: Die Deutschen haben nach dem letzten Krieg
eine Verfassung akzeptiert, die in Anlehnung an engli-
sche und amerikanische Vorbilder von wahren Demokraten wie Theodor Heuss, Carlo Schmid und anderen
ausgearbeitet worden ist. Aufgrund einer über 600jäh-
rigen permanenten Erziehung zum Untertanen lehnen
indessen die meisten West-Deutschen diese demokratische Verfassung auf der unterbewußten Ebene ab. Sie

wissen damit, schlicht und einfach formuliert, nichts anzufangen. Und was hat die Umerziehung durch unsere
amerikanischen Sieger-Freunde gebracht? Sie hat uns
nicht zu Demokraten gemacht, sondern zu Kapitalisten.
Und zu was für welchen!

2.6 Das politische Mitläufertum

Der Mensch als ,,animal social'' neigt aufgrund eines
angeborenen Verhaltens dazu, sich einer Gruppe anzuschließen. Dieser ,,Sozialisation'' genannte Vorgang ist
ohne Zweifel arterhaltend. Aber er impliziert auch Verhaltensweisen, die nicht unbedingt positiv zu werten
sind. Der einzelne identifiziert sich bis zum Exzeß mit
der Gruppe; er verliert die kritische Distanz und integriert sich in die Ordnungsschemata seiner Umwelt, ohne
deren Wert oder Unwert zu prüfen. Er wird, um mit
David Riesmann zu sprechen, zum ,,außengelenkten
Typ'', der nur danach trachtet zu erfahren, was ,,in''
ist. Dieses adaptive Verhalten, das darauf abzielt, sich
möglichst problemlos in das Milieu einzufügen, ist ein
symptomatisches Charakteristikum für die Hinterwelt.
  Besonders schlimm ist dieser Trend in den Industrienationen des Westens, wo die Menschen in ihrem unref-
lektierten Konsumverhalten, durch eine psychologisch
ausgefeilte Werbung verführt, zu einer gesichtslosen
Konsumentenmasse entarten. ,,Man'' konsumiert Mei-
nungen, Geltungen, Wohlstandsartikel etc., die die
Mehrheit akzeptiert. Und – dies ist das Schlimmste hin-

sichtlich eines wünschenswerten demokratischen Verhaltens – man konsumiert genauso politische Anschauungen. Gewöhnt, von Werbung manipuliert zu werden, läßt man sich von politischen Demagogen manipulieren. Man beugt sich, wie die Soziologen sagen, dem Diktat eines Alpha-Tieres und neigt sich dorthin, wo die Macht konzentriert ist.

Das hat aber zur Folge: Der Hinterweltler, der daran gewöhnt ist, von höheren Instanzen manipuliert zu werden und die Mühe des Denkens und Lenkens anderen zu überlassen, verzichtet damit auf die vornehmste Aufgabe des Menschen überhaupt: im Sinne eines Prometheus die Welt umzugestalten! Und weil er selbst – aus den dargelegten Gründen – auf dieses aktive Leben verzichtet, verfolgt der Hinterweltler all jene mit Haß, die sich die Freiheit herausnehmen, gegen den Strom der großen Masse zu schwimmen. Jeder, der verkrustete Strukturen aufzuweichen versucht und das Risiko von Reformen auf sich nimmt, wird mit allen zu Gebote stehenden Mitteln gehindert – wobei der Verleumdung und dem Rufmord oftmals der Vorzug gegeben wird.

2.7 Die verklemmte Sexualmoral

Alle einsichtigen Psychologen, Soziologen und Mediziner, nicht nur fanatische Freudianer, sind sich mittlerweile darüber einig, daß der Sexualtrieb eine dominierende Rolle im menschlichen Leben spielt. Wir wissen aus der Praxis der Psychotherapie, und zwar aus

Hunderttausenden von Fällen, daß sexuelles Fehlverhalten die Menschen zu Neurotikern macht; das heißt: Diese Menschen werden durch ihre sexuell bedingten Schuldgefühle in ihrem Selbstwertgefühl schwer geschädigt. Hier nun wird die Angelegenheit politisch. Ein Mensch mit geschwächtem Selbstwertgefühl hat auch kein Selbstvertrauen; und wenn der Mensch kein Selbstvertrauen hat, neigt er dazu, sich einem Stärkeren unterzuordnen. Das bedeutet indessen, wenn man diese Reflexion einmal von der anderen Seite betreibt: Jeder Machthaber, ganz gleich welcher Couleur, ist daran interessiert, die Staatsbürger sexuell unmündig zu halten. Denn die Unterdrückung des Sexualtriebes fördert den Untertanengeist.

Deshalb sind all jene, deren Sexualleben als Folge einer repressiven Erziehung verkümmert ist, unglaublich neidisch auf jene, die sich sexuelle Freiheiten herausnehmen und damit aller Welt beweisen, wie glücklich ein Mensch sein kann, der sich einem Partner ohne Hemmungen hingeben kann.

Deshalb die Opposition der Hinterweltler gegenüber dem Sexualunterricht in der Schule. In den ,,schwarzen'' Bundesländern stand ,,Sexualkunde'' sowieso nur auf dem Papier — die Lehrer fühlten sich überfordert, über diese brisante Thematik zu sprechen. Vom Bund emittierte Bücher zu dieser speziellen Unterrichtsart, die unter anderem ein nacktes Menschenpaar zeigten, wurden nach dem Ende der sozial-liberalen Koalition wieder eingezogen — die unschuldigen Halbwüchsigen sollten nicht erfahren, daß der Mann einen Penis hat und wie dieser aussieht. Und dann kam Aids . . . Vier Jahre lang wurde diese Krankheit in der Bundesrepublik einfach totgeschwiegen. Als sich die Größe der Gefahr nicht mehr verleugnen ließ, weil immer mehr Heterosexuelle erkrankten, entschloß man sich beim Bundesgesundheits-Ministerium, die Condom-Aufklärung zu starten. Und jetzt mußten die armen Lehrer in den ,,schwarzen'' Ländern ihren Schülerinnnen und Schülern erklären, wie man dem quasi nicht vorhandenen Penis lege artis ein Condom überstülpt! Man macht schon was mit, als katholischer Lehrer heutzutage, gell?

Der Kampf der Hinterweltler gegen den Sexualunterricht in der Schule geht trotz allem unverdrossen weiter. Die Aktionen vom Typ ,,Saubere Leinwand'' sind allerdings sanft entschlafen, seit es in nahezu jedem deutschen Haushalt des ,,gesamtdeutschen Reiches'' Video-Pornos gibt. Beate Uhse macht's möglich . . . Aber Spaß beiseite: Die Tatsache, wie erbittert die Sexualität in unserem christlich-abendländischen Kulturkreis immer noch bekämpft wird, beweist, wie wichtig sie für den ganzen Menschen ist! Deshalb bestimmt die Art, wie eine Gemeinschaft mit ihrer Sexualität fertig wird, weitgehend das gesamte Schicksal eines Volkes!

Verehrte Leserinnen und Leser: Ich habe im Verlaufe dieses Kapitels darzustellen versucht, daß sich der abendländische Mensch seit den Zeiten des Platon in seinem Grundverhalten nicht geändert hat. Wohl sind die Einsichten in den Aufbau der Persönlichkeitsstruktur des einzelnen und in seine sozialen Interaktionen gewachsen, aber Konsequenzen hat niemand daraus gezogen!

Vor allem nicht jene, die allein die Weichen für eine generelle Verhaltensänderung stellen könnten: die Machthaber aller Schattierungen. (Die sind fast ausschließlich mit der Absicherung ihrer Macht und der Erhöhung ihrer Bezüge beschäftigt.) Und so bleibt uns denn nur resignierend festzustellen: Der Mensch ist nach wie vor ein vom Unterbewußtsein gesteuertes Triebwesen, das von der „göttlichen Vernunft" einen enttäuschend geringen Gebrauch macht. Wer möchte angesichts dieser bedrückenden Tatsache ernsthaft behaupten, unsere Mitmenschen seien „mündige Bürger"? Das tun nur jene, die durch eben diese Unterstellung ihre Unmündigkeit hinlänglich beweisen! Denn lautes Geschrei ist kein Ersatz für einen Wahrheitsbeweis — wie jeder Rhetorikschüler weiß . . .

3. Kapitel:
Die „Herrenrasse" ist nicht unterzukriegen

3.1 Die Rolle der Vorurteile

Vorurteile — die ich bereits erwähnte — sind Annahmen über Menschen und Dinge, keine Fakten! Sie entspringen nicht der Erfahrung, sondern einer vorgefaßten Meinung und werden durch Erziehung und Tradition übermittelt. Infolge von Unwissenheit und Trägheit werden die meisten Lebensprobleme mit Hilfe von Schablonen gelöst, die kaum individuellen Nuancen gerecht werden; dadurch wird eine gewisse Denkersparnis erzielt, die jedoch den Nachteil mit sich bringt, das Bild der Realität zu verfälschen. Fazit: Bei genauerer Betrachtung erweisen sich viele unserer Urteile, selbst die anscheinend exakt überprüften, als Vorurteile, als stereotype Denkformen, die wenig, mitunter gar keinen Wahrheitsgehalt besitzen.

Kehren wir somit zum Programm des Über-Ichs (oder „Eltern-Ichs") zurück, und betrachten wir einmal kurz die häufigsten Vorurteile, die uns überliefert und „eingeimpft" werden:

(1) *Das nationale Vorurteil.*

Dazu bemerkt Schopenhauer: ,,Die wohlfeilste Art des Stolzes hingegen ist der Nationalstolz. Denn er verrät in dem damit Behafteten den Mangel an individuellen Eigenschaften, auf die er stolz sein könnte, indem er sonst nicht zu dem greifen würde, was er mit so vielen Millionen teilt. Wer bedeutende persönliche Vorzüge besitzt, wird vielmehr die Fehler seiner eigenen Nation, da er sie beständig vor Augen hat, am deutlichsten erkennen. Aber jeder erbärmliche Tropf, der nichts in der Welt hat, darauf er stolz sein könnte, ergreift das letzte Mittel, auf die Nation, der er angehört, stolz zu sein . . .''

Mit dem nationalen Vorurteil werden uns oft zugleich ,,Feindbilder'' vermittelt. Während meiner Jugend war Frankreich der ,,Erbfeind'', danach folgte das obligate ,,Gott strafe England!'' Wir wuchsen also mit zwei Feindbildern auf. Schließlich malte Hitler noch die drohende Gefahr der ,,jüdisch-bolschewistischen Weltverschwörung'' an die Wand. So präpariert, zogen wir ,,gut motiviert'' auf die Schlachtfelder Europas. Zu den Spielarten des nationalen Vorurteils gehört auch die planmäßig geförderte Ausländerfeindlichkeit, mit so dümmlichen Parolen wie ,,Das Boot ist voll!''

(2) *Das Rassen-Vorurteil.*

Die Diskriminierung wegen Hautfarbe oder Herkunft ist noch lange nicht ausgestorben, wie sich in jüngster Zeit angesichts der ,,Ausländer raus!'' -Kampagnen wieder gezeigt hat. Ich halte es deshalb für angebracht, an dieser Stelle die wesentlichsten Punkte aus einem UNESCO-Bericht zu zitieren, als Ergebnis einer Expertendiskussion 1950 in Paris, die die Aufgabe hatte, eine wissenschaftlich fundierte Stellungnahme zur Rassenfrage abzugeben. Ich zitiere (gekürzt):

○ Alle Menschen gehören zur selben Art, nämlich Homo sapiens, und haben mutmaßlich denselben Ursprung.

○ Die verschiedenen Populationen unterscheiden sich nur in wenigen Genen. Die Mehrheit der Gene jedoch ist gleichartig, so daß die Ähnlichkeit der Menschengruppen viel größer ist als ihre Differenzen.

○ Rassen sind Populationsgruppen, die sehr gut miteinander vermischt werden können.

○ Die spärlichen biologischen Unterschiede werden durch kulturelle Vorurteile aufgebauscht, so daß Rassentrennung entsteht.

○ Alle Klassifikationen der Rassen enthalten neben biologischen Fakten immer auch Einflüsse von Umgebung, Schulung und Erziehung, so daß es keine objektiven Tests über die ,,ursprünglichen'' geistigen Rassenmerkmale gibt.

○ Unterschiede der ,,Rassen'' sind auf ihre Lebensumstände zurückzuführen. Erziehbarkeit und Plastizität des Psychischen ist ein Merkmal aller Rassen, respektive aller menschlichen Wesen.

○ Es gibt keine angeborenen Temperamentsunter-
schiede zwischen Rassen.

○ Persönlichkeit und Charakter haben nichts mit
„Rasse" zu tun; keine Rasse ist hier gegenüber den
anderen Rassen bevorzugt.

○ Rassenvermischung gibt es seit der Urzeit. Die Kreu-
zungsprodukte zeigen keine mißgünstigen Eigenschaften.

○ Die übliche Rassenlehre ist ein sozialer Mythos, der
die Einheit des Menschengeschlechtes in verlogener
Weise leugnet.

○ Die geistigen und psychischen Dispositionen aller Rassen sind gleich.

○ Die genetischen Differenzen der Menschengruppen
haben keinen sozialen und kulturellen Einfluß.

○ Wenn Rassenvermischung Schwierigkeiten mit sich
bringt, so nur wegen sozialer und kultureller Vorurteile.

○ Alle Menschen sind zur Kooperation und wechsel-
seitigen Verständigung fähig, wenn das Vorurteil sie
nicht trennt.

Mein persönliches Fazit: In allen Industrienationen, sowie in den aufsteigenden Nationen der „Dritten Welt",
nimmt das Gastarbeiter-Problem einen immer breiteren
Raum ein. Ein Manager, der heute noch über „minderwertige" Ausländer oder Asylanten schimpft, ist fehl am
Platze und gehört aus seiner Führungsposition entfernt.

(3) *Das religiöse Vorurteil*

Die vorherrschende Religion unseres Kulturkreises, das Christentum, behauptet ja nach wie vor in schöner Überheblichkeit, die „alleinseligmachende Religion" zu sein. Eine derartige Behauptung würde einem Buddhisten nie über die Lippen kommen, obwohl die Buddhisten weltweit etwa 50 % mehr Anhänger haben als die Christen. Diese Überheblichkeit, die in eklatantem Gegensatz zur von Jesus geforderten Nächstenliebe und Demut steht, verführt die sogenannten Christen häufig dazu, Angehörige anderer Religionsgemeinschaften als „Menschen 2. Klasse" zu sehen. Besonders ekelhaft ist die Mischung von rassistischen und religiösen Vorurteilen, wie man dies in den USA beobachten kann, wo man „weiß und protestantisch" sein muß, um zur „Oberschicht" gezählt zu werden. Kein Wunder, daß der Ku-Klux-Clan in unseren Tagen wieder an Bedeutung gewinnt.

(4) *Das antisemitische Vorurteil.*

Antisemitismus, gleich Judenfeindschaft, ist das älteste und gängigste Vorurteil unseres Kulturkreises. Eine „jüdische Rasse" gibt es nicht, da die Juden abstammungsmäßig Semiten, also am nächsten mit den Arabern verwandt sind. Durch das Leben in der Diaspora über 2000 Jahre haben sich die Juden vielfach mit ihren Gastvölkern vermischt. Deshalb gibt es kein spezielles jüdisches Erscheinungsbild. Es gibt Juden, die „rein arisch" aussehen. Das kann auch gar nicht anders sein, da die Juden, wie gesagt, nicht Angehörige einer

„Rasse", sondern einer Religionsgemeinschaft sind. Ursachen für ihre Verfolgung gibt es zahlreiche, von der Judenhetze der „Kirchenväter" über Martin Luther bis zu den von Absteigerängsten bedrohten Hinterweltlern unserer Tage. Meiner Meinung nach ist der Judenhaß unter anderem ein Ausfluß des Neides der mittelmäßig Begabten. Alle bedeutenden Psychologen, viele unserer großen Ärzte sind Juden gewesen. Im übrigen braucht man sich nur die Liste unserer Nobelpreisträger anzusehen: da wird einem schlagartig klar, wie intelligent, hochbegabt und kreativ gerade Juden sein können.

(5) *Das Vorurteil von der Minderwertigkeit der Frau.*

Das mutmaßlich älteste Vorurteil aller Kulturen ist dasjenige des Mannes gegenüber der Frau. Sie wurde schon immer in die Kategorie des „Anderen" gedrängt, um an dessen Mängeln die eigenen Vorzüge zur Kontrastdarstellung bringen zu können. In Wirklichkeit ist die Frau das überlegene Geschlecht, weil sie Kinder zur Welt bringen kann. Dies versuchten die Männer immer zu bagatellisieren: zum Beispiel mit so hirnrissigen Behauptungen, bei den Frauen gäbe es einen „Penisneid"! Als ob eine intelligente Frau uns Männer um jenes durchschnittlich 15 cm aufweisende Accessoire beneiden würde, von dem man nie weiß, ob es funktioniert, wenn man es braucht . . .

Seit dem Beginn der patriarchalischen Ordnung unterliegen die Frauen gesamthaft einer Entwertung, die ihnen nicht selten Menschenrechte und Menschenwürde schlechthin abspricht — und diese Mißachtung nicht selten durch demütigende und verstümmelnde Riten verstärkt, wie beispielsweise die Beschneidung, die heute noch in etlichen afrikanischen Staaten üblich ist. Daher vereinigt das Vorurteil gegenüber der Frau exemplarisch alle Wesenszüge vorurteilsvoller Klassifikation, die willkürlich der eigenen Überheblichkeit Raum gibt, indem sie ,,Fremdgruppen'' erniedrigt.

Die positiven Kommentare mancher Führungskräfte zum Thema ,,Emanzipation'' erweisen sich im Berufsalltag fast durchweg als Lippenbekenntnisse. Dabei ist dieses herabwürdigende Verhalten gegenüber der Frau schon aus rein pragmatischen, dem Unternehmensinteresse schadenden Überlegung unklug, da der Anteil an weiblichen Mitarbeitern in den Industrienationen ständig zunimmt.

3.2 Ein Rassenmischmasch ohnegleichen

Die ,,Völkischen'' des Bismarckreiches erhoben erstmals die Forderung: ,,Deutschland den Deutschen!'' Diese Parole wurde vom Dritten Reich enthusiastisch zu neuem Leben erweckt, und auch heute feiert sie fröhliche Urständ. Dabei sind zwei Fragen nicht eindeutig geklärt: Was ist Deutschland? Wer ist ein Deutscher?

Was unser ,,deutsches Vaterland'' betrifft, einigen wir uns am besten darauf, daß ,,Deutschland'' nach der Vereinigung das Territorium der ehemaligen Bundesrepublik und der ehemaligen DDR umfaßt. Was zweifellos bedeutet, daß als Folge dieser Definition „Menschen deutscher Zunge" außerhalb Deutschlands bleiben, z.B. die Oberschlesier. Aber irgendeine Begrenzung muß schließlich hingenommen werden, wenn man über „Deutschland" diskutieren will. Die zweite Frage „Wer ist ein Deutscher?" ist im Prinzip überhaupt nicht zu beantworten. Warum, werde ich gleich erläutern. Definieren wir also auch in diesem Falle (mit einem gewissen Gewaltakt): Deutscher ist, wer einen deutschen Paß besitzt.

Wenn wir uns jetzt mit der Bevölkerung und ihrer Herkunft innerhalb dieses Territoriums „Deutschland" befassen, ergeben sich folgende Fragen:

○ Wann ist dieses Gebiet zuerst besiedelt worden und von wem?

○ Wer ist danach gekommen, also eingewandert?

○ Wann haben die Einwanderungen, falls es mehrere gewesen sein sollten, angefangen, wann aufgehört?

○ Welchen Umfang und welche Bedeutung haben sie gehabt?

Da es in diesem Kapitel zunächst darum geht, den deutschen Menschen herkunftsartig zu analysieren, der in unserer Wirtschaft Entscheidungen trifft, seien die Antworten auf obige Fragen summarisch zusammengefaßt, wobei ich mich hinsichtlich der Fakten vor allem auf zwei Autoren stütze: Michael Freund: „Deutsche Geschichte", Bertelsmann 1973, und Bernt Engelmann:

„Du deutsch? Geschichte der Ausländer in unserem Land", Bertelsmann 1984. Also: Noch ehe die Völker und Stämme der heute als indoeuropäisch bezeichneten Sprachfamilien nach Mitteleuropa kamen, gab es dort eine Urbevölkerung. Einigkeit herrscht bei den Ethnologen nur darüber, daß die bis in die Jungsteinzeit im heutigen Westdeutschland lebenden Stämme keine Indoeuropäer und weder mit den Kelten noch mit den Germanen verwandt waren. Diese nicht zu den Ariern gehörende Urbevölkerung hat sich mit den germanischen Stämmen, die etwa um 2000 v.Chr. von Südosten her nach Mitteleuropa und in das norddeutsche Flachland eindrangen, vermischt.

Etwa um 400 v.Chr. wanderten die in Süd- und Westdeutschland angesiedelten Kelten zum Teil nach Süden, besiegten die Römer in offener Feldschlacht und eroberten Rom, das sie nach Plünderung in Flammen aufgehen ließen. Wegen einer Klimaverschlechterung wanderten zur gleichen Zeit die in Norddeutschland ansässigen Germanen nach Südwesten, ins Maintal und an den Niederrhein.

51 v.Chr. war die Eroberung Galliens durch Julius Caesar beendet. Somit wurden die Römer zu direkten Nachbarn der Germanenstämme im heutigen Westdeutschland. Für die Römer mit ihrem straff organisierten Staats- und Militärwesen waren die Germanen halbwilde Eingeborene, unzivilisiert, ohne Infrastruktur und ohne staatliche Organisationen; die Stämme und deren Häuptlinge waren untereinander zerstritten und daher nicht allzu gefährlich. (Jeder germanische Fürst starb

durch Mord irgendeines Verwandten, der sich dadurch als neuer Stammesführer etablierte!) Schließlich waren die Römer die ewigen Geplänkel mit Germanenstämmen leid. Sie erbauten den Limes, einen etwa 450 Kilometer langen Grenzwall, gewannen damit den ganzen Südwesten (der ehemaligen Bundesrepublik) und sicherten ihre Grenzprovinzen gegen Überfälle. Der Limes war, was den meisten Deutschen der Gegenwart nicht klar ist, zur Schicksalslinie Deutschlands geworden: alle germanischen Völkerschaften südlich des Limes kamen im Laufe der Jahrhunderte mit der römischen Kultur und über die Römer auch mit der hellenischen Lebensweise in Berührung. Deshalb werfen Bayern den ,,Preißn'' bei den üblichen Hakeleien gerne vor, sie hätten ihr Fleisch noch unter dem Sattel weichgeritten, als die Bayern schon eine hochstehende römisch-bayerische Kultur entwickelt hatten . . .

Und nun ist von einer Tatsache zu berichten, die von deutschen Geschichtslehrern permanent verschwiegen wird: die ,,Römer'' der Provinzen Ober- und Niedergermanien waren nur zum kleinsten Teil Römer. Aus der Stadt Rom stammten nur ein paar hohe Verwaltungsbeamte und Offiziere. Die Soldaten, auch die meisten Unteroffiziere und viele der Hauptleute, waren Angehörige fast aller von Rom unterworfenen Völker. Die Legionäre, die sich nach beendigter Dienstzeit auf einem ihnen zugeteilten Stück Land im heutigen West- oder Süddeutschland ansiedelten, stammten überwiegend aus Afrika, Spanien, Syrien und dem westlichen Balkan. Im Laufe der Jahrhunderte vermischten sie sich mit der keltisch-germanischen Bevölkerung, so wie diese sich lange vorher mit den Urbewohnern vermischt hatte. Die berühmte, in Köln stationierte nubische Legion bestand ausschließlich aus Afrikanern. (In Trier sieht man noch ,,Deutsche'' mit ausgesprochen negroidem Einschlag). Und schließlich bereicherten dieses Rassemosaik noch Händler aus dem Osten: Griechen, Syrer, Ägypter und, natürlich, Juden.

Indessen wurde das Rassengemisch immer bunter, weil neben den aus dem Süden Rußlands einströmenden Germanenstämmen auch die Hunnen auf der Bildfläche erschienen, samt einigen anderen inner- und ostasiatischen Völkern. Last but not least müssen noch die sechs Kreuzzüge in anderthalb Jahrhunderten erwähnt werden, die für einen reichen Zuzug von orientalischen Kriegsgefangenen sorgten. Und, nicht zu vergessen, von bildschönen Orientalinnen, die sich die Kreuzzügler als persönliche Beute mitbrachten: die Damen wurden in der Heimat getauft und geheiratet. Fazit: Jeder Einfall, jeder Durchzug eines fremden Volkes und alle Kriege mit ihren Beuten an Kriegsgefangenen, zum Beispiel vieler Türken vor Wien, trugen zur Vielfalt der Blutmischung bei, aus der Jahrhunderte später ,,die Deutschen'' entstanden.

Nach dem dreißigjährigen Krieg, etwa von 1660 an, nahm die religiöse Intoleranz in den katholischen Nachbarstaaten kräftig zu und verursachte eine Flüchtlingswelle vor allem aus dem Osten und Südosten Europas, die nahezu 300 Jahre anhielt. Die Frage, ob Deutschland ein Einwanderungsland ist, kann für dessen bekannte Geschichte ohne weiteres und ohne geringste Zweifel mit ja beantwortet werden. Daß die meisten Deutschen dies nicht so empfinden, hat einen ganz realen Grund: Alle Fremden, mit geringfügigen Ausnahmen, wurden im Laufe der Zeit vollständig integriert, die einen schneller, die anderen etwas langsamer. Gleich ob sie aus Armenien kamen oder aus dem Balkan, aus Schweden oder aus Sizilien, aus unwegsamen Hochtälern der südfranzösischen Alpen oder aus den Pripet-sümpfen. Deshalb zitiert Bernt Engelmann den liberalen Historiker Veit Valentin in seiner „Geschichte der Deutschen" wie folgt:

> Kein großes europäisches Volk ist aus so vielen Bestandteilen zusammengesetzt wie das deutsche . . . Soll man eine Schätzung wagen, so dürften noch nicht vierzig, wahrscheinlich kaum dreißig Prozent des heutigen Volkstums als germanisch bezeichnet werden. Die nächststarke Komponente ist die keltische, dann folgt die slawische.

Wenn das die Bierdimpferl an den Stammtischen wüßten! Jene Hinterweltler mit anerzogener Dummheit, die sich im stillen immer noch für Angehörige einer „Herrenrasse" halten! Aber die spannende Geschichte unseres Rassenmischmasches erzählt ihnen ja niemand – wohlweislich! Denn dann könnten politische Parteien nicht mehr mit so billigen Parolen auf Stimmenfang gehen wie „Das Boot ist voll!" oder „Deutschland ist kein Einwanderungsland!" Und dann wären die Warnungen

eines bayerischen Ministers vor der drohenden „Durch-
rassung" gegenstandslos. Denn „durchrasst" sind wir,
so lange es „Deutsche" gibt. Und wie!

3.3 Zusammenfassung der Kapitel 1 bis 3

○ Der psychologisch erfolgreiche Mensch („winner")
im Sinne Maslows setzt seine Intelligenz im Rahmen
einer individuellen Zielsetzung ein, die wiederum auf
der Basis freiwillig akzeptierter ethischer und moralischer Wertmaßstäbe erfolgt.

○ Das Verhalten eines psychologisch erfolgreichen Menschen zeichnet sich unter anderem dadurch aus, daß
er ethische Kategorien ernsthaft zu verwirklichen
trachtet („Selbstverwirklicher").

○ Der psychologisch erfolgreiche Mensch hat gelernt,
seine Gefühle zu akzeptieren und auszudrücken.
Spontane Herzlichkeit und Offenheit machen ihn zum
idealen Gesprächspartner für jedermann.

○ Symptomatisch für den psychologisch Erfolgreichen
ist sein Verhältnis zur Sexualität. Er hat die lustfeindlichen Tabus unserer Gesellschaft überwunden und
lebt seine Sexualität aus.

○ Menschen mit Vorurteilen leiden an Ich-Schwäche
oder einem stark verminderten Selbstwertgefühl und
sind deshalb den „Neurotikern" zuzurechnen.

○ Aufgrund vorgeschichtlicher Ereignisse, wie beispielsweise der Eiszeit und „Sündfluten", die dem Früh-

menschen die Lebensgrundlage unter den Füßen weggezogen haben, trägt jeder im „kollektiven Unbewußten" Angst mit sich herum. Will sagen: Die Angst ist eine Urerfahrung des Menschen.

○ Die für die Arbeitswelt immer wieder geforderte Entscheidung im Kollektiv ist eine Ersatzlösung, die ihre Ursache nicht im Aufbegehren mündiger Mitarbeiter hat, sondern in der schwachen Persönlichkeitsstruktur von Managern aller Ebenen.

○ Die These von den sich selbst steuernden Gruppen geht von der Annahme aus, daß eine Gruppe von Mitarbeitern ohne Führungsqualifikation bessere Entscheidungen herbeiführen könne als ein einzelner Chef. Diese These ist, wie noch zu demonstrieren sein wird, durch Feldversuche gründlich widerlegt worden.

○ Alle bedeutenden Persönlichkeiten waren sich — über einen Zeitraum von 2500 Jahren — darüber einig, daß der Mensch schwach, träge, egoistisch und neidisch sei und vorwiegend vom Unterbewußtsein gesteuert würde. Es waren immer nur die wenigen Einzelnen, die Initiative ergriffen, Entscheidungen fällten und Verantwortung übernahmen, getreu dem nicht widerlegbaren Motto: „Persönlichkeiten machen Geschichte!"

○ Der Paternismus vereinigt zwei Ideen: Hierarchie und Disziplin. Das heißt, die Ordnung, als essentielles Prinzip für das Individuum und die Gesellschaft, ist einer der Grundpfeiler dieser Weltanschauung.

○ Herausragendes Kriterium des Maternismus ist die Duldsamkeit, das heißt die Toleranz gegenüber Andersdenkenden. Während der Paternist die Ordnung heiligt, lebt der Maternist aus der Spontaneität: Er haßt jegliche Reglementierung und will zu jeder Zeit sein Leben so leben, wie es ihm gerade in den Sinn kommt. Für den Paternisten ist eine derartige Lebensweise ,,chaotisch''.

○ Wo immer sich zwei oder mehr Individuen im Gruppenverband organisieren und eine Gemeinschaft bilden, entwickeln sich automatisch spezifische Verhaltensmuster. Leben bedeutet also Bindung; es ist die angeborene oder erlernte Bereitschaft zur Unterordnung unter eine höhere Notwendigkeit.

○ Die menschliche Freiheit ist eine Fiktion; unter anderem deshalb, weil wir in Elternhaus und Schule so nachdrücklich programmiert werden, daß uns selbst das Streben nach dieser fiktiven Freiheit nichts mehr bedeutet.

○ Wenn sich ein Mensch bedingungslos den Gesetzen einer Organisation unterwirft, bezeichnen wir ihn mit Recht als dumm. Wobei zunächst nichts darüber gesagt wird, ob dieser Menschen von Haus aus dumm ist. Das heißt: Man sollte stets zwischen angeborener und anerzogener Dummheit unterscheiden.

○ Hinterweltler wollen nicht begreifen, daß alle Weltordnungen relativ sind. Ihre Welt ist von einer klaren Schwarz-Weiß-Malerei gezeichnet: sie halten sich an starre Denk- und Verhaltensnormen und sind zu keiner wertfreien Beurteilung fähig.

○ Die Angehörigen der Hinterwelt denken stets in einem primitiven Freund-Feind-Schema. Darin manifestiert sich auch die Spannung zwischen dem Individuum und dem Kollektiv. Paßt sich das Individuum an, bleibt es vor der kollektiven Wut verschont; unterscheidet es sich aber störend vom Norm-Schema, wird es als Fremdkörper abgelehnt und ausgestoßen.

○ Der deutsche Untertan hat – seit der Scholastik! – in seiner Autoritätsgläubigkeit nichts hinzugelernt. Das zeigt sich auch in der Kindererziehung, wo Gehorsam ganz oben steht und (bei 80 % der Bundesbürger-West) die Prügelstrafe immer noch für ein wirksames Erziehungsmittel gehalten wird.

○ Der Hinterweltler ist daran gewöhnt, von höheren Instanzen manipuliert zu werden und die Mühe des Denkens und Lenkens anderen zu überlassen. Damit verzichtet er auf die Möglichkeit, sein Schicksal (oder gar die Welt) zu gestalten.

○ Jeder Machthaber, gleich welcher Couleur, ist daran interessiert, die Staatsbürger sexuell unmündig zu halten. Denn die Unterdrückung des Sexualtriebes fördert den Untertanengeist.

○ Vorurteile sind Annahmen über Menschen und Dinge, die nicht der Erfahrung entspringen und durch Erziehung und Tradition übermittelt werden.

○ Infolge von Unwissenheit und Trägheit werden die meisten Lebensprobleme mit Hilfe von Schablonen gelöst, die den individuellen Nuancen nicht gerecht werden: dadurch wird eine Denkersparnis erzielt, die indessen die Realität verfälscht.

○ Das nationale Vorurteil basiert auf zwei Fragen, die nicht eindeutig beantwortet werden können: Was ist Deutschland? Wer ist ein Deutscher?

○ Die Frage, ob Deutschland ein Einwanderungsland ist, kann für dessen bekannte Geschichte ohne weiteres und ohne geringste Zweifel mit Ja beantwortet werden.

○ Kein großes europäisches Volk ist aus so vielen Bestandteilen zusammengesetzt wie das deutsche. Wahrscheinlich können nur 30 % des heutigen deutschen Volkstums als ,,germanisch'' bezeichnet werden — was immer man darunter verstehen mag . . .

Wenn Sie, verehrte Leserinnen und Leser, dieses Buch bis zu dieser Stelle gelesen haben, gehören Sie mit Sicherheit nicht zu den etwa 70 % Hinterweltlern, von denen ,,dieses unser Land'' bevölkert wird. Dieses Erfolgserlebnis wird Sie ohne Zweifel beflügeln, sich mit Neugier und Elan über die folgenden Kapitel herzumachen!

Bevor wir uns den Machtverhältnissen und Entscheidungsproblemen in industriellen Gruppen zuwenden, wollen wir einen Blick auf die großen Machthierarchien werfen. Wie geht es dort zu?

4. Kapitel:
Von der unbeschränkten Herrschaft zur dosierten Entmachtung

Nachdem wir in den Kapiteln 1 – 3 festgestellt haben, wie der Mensch seit zweieinhalb Jahrtausenden angelegt ist, muß nunmehr die Frage untersucht werden, welche Herrschaftsformen dieser Persönlichkeitsstruktur entsprechen. Denn der bekannte Ausspruch: ,,Jedes Volk hat die Regierung, die es verdient!'', ist in der Tat eine Grundwahrheit. Herrschaftsformen sind ja nicht aus dem luftleeren Raum entstanden, sondern sind gewissermaßen nach außen projizierte Gegebenheiten der inneren Menschheitsstruktur. Ehe wir indessen einige charakteristische Herrschaftsformen untersuchen, ist eine grundsätzliche Betrachtung über Autorität, Macht und Herrschaft angezeigt.

4.1 Die Beziehungen zwischen Autorität, Macht und Herrschaft

In einem Schema lassen sich die Beziehungen zwischen diesen drei Faktoren wie folgt darstellen:

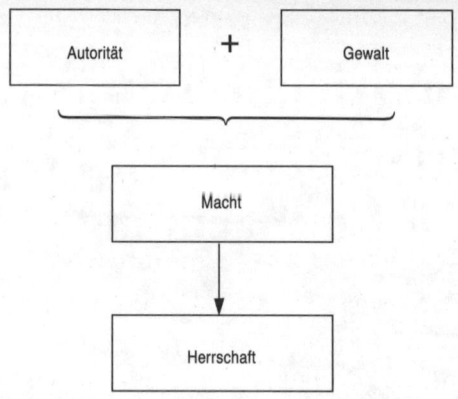

Wenden wir uns zunächst der Autorität zu.

„Autorität" bedeutet von seiner sprachlichen Wurzel her: „die Kraft, etwas wachsen zu lassen". In der behördlichen Umgangssprache bedeutet „Autorität" das Recht, „kraft Amtes" Weisungen zu erteilen und Entscheidungen zu treffen. Im persönlichen Sinne aber verdeutlicht „Autorität" die Geltung, die eine Person hat, ohne ständig dafür eintreten zu müssen.

Diese Geltung hat eine dreifache Wurzel:

○ überlegenes Wissen (bzw. Erfahrung),

○ menschliche Reife,

○ Überzeugungskraft.

Autoritätsbeziehungen finden sich in allen gesellschaftlichen Bereichen. Die wichtigste Rolle spielen sie in Zweierbeziehungen, zum Beispiel Vater – Kind, Mutter – Kind, Lehrer – Schüler, Chef – Mitarbeiter usw.

Allerdings wird die Art der Autoritätsbeziehung zwischen Personen nicht ausschließlich von den Persönlichkeiten der Beteiligten bestimmt. Vielmehr werden diese Beziehungen in hohem Maße von der Gesellschaft als Ganzem geprägt, von traditionellen Vorstellungen, herrschenden Normen und wirtschaftlichen Zwängen. Deshalb ergibt sich beispielsweise im gesamten Bereich der Erziehung ein sehr weiter Spielraum für die Gestaltung von Autoritätsbeziehungen — man denke nur daran, wie heutzutage Eltern ihre Kinder erziehen: altväterlich autoritär bis anti-autoritär.

Nun nützt einem Menschen Autorität allein in der Regel nichts — wenn diese Autorität nicht mit der Gewalt in irgendeiner Form vergesellschaftet ist. Wir müssen deshalb an dieser Stelle eine kurze Reflexion über die Gewalt einflechten:

Gewalt ist spontaner Natur und verzichtet deshalb auf Rechtfertigung. Wer eine Frau vergewaltigt oder einen Passanten niedergeschlagen hat, versucht in der Regel gar nicht erst, so eine Tat zu rechtfertigen. (Das besorgt erst Monate später sein Verteidiger). Anders die Macht. Die Macht bedarf — schon wegen ihres zeitlichen Kontinuums — der Rechtfertigung. Und diese Rechtfertigungsversuche auf politischer Ebene machen einen wesentlichen Teil der Geschichte aus. Wir kommen auf diesen Punkt nochmals zu sprechen und kehren zunächst zur „Autorität" zurück.

Mit dem Recht, „kraft Amtes" Weisungen zu erteilen, das heißt durch eine Verbindung mit der Gewalt, beginnt die Problematik der Autorität. Weil eine Autorität (als Person) auf diese Weise nicht nur Anspruch auf Anerkennung und Gefolgschaft erheben, sondern sie notfalls auch erzwingen kann. Dieser Umstand wird vor allem dann kritisch, wenn eine Geltung entsprechend der oben geschilderten dreifachen Wurzel nicht gegeben ist; sondern wenn Autorität aufgrund der bloßen Tatsache gefordert wird, nun einmal „gesetzte" Autorität zu sein und damit auf Anerkennung und Gehorsam bestehen zu können.

In einer demokratischen Gesellschaft müssen die Handlungen von Autoritäten einsichtig und vernünftig begründbar sein. Das bedeutet aber gleichzeitig: Autoritäten müssen sich grundsätzlich befragen und unter Umständen auch in Frage stellen lassen. Die Praxis zeigt leider, daß häufig im umgekehrten Sinne verfahren wird. Kritik an der Autorität wird grundsätzlich als Aufsässigkeit gewertet; was zur Folge hat, daß die beleidigte Autorität ihre Ansprüche nunmehr mittels Zwang durchsetzt. Diese Praxis läßt, zum Beispiel in der Industrie, dem Mitarbeiter keinen Raum für Eigeninitiative, für selbständiges Denken und Handeln und schon gar nicht für die Möglichkeit, selbst Entscheidungen zu treffen. Deshalb wenden sich vor allem jüngere Mitarbeiter gegen diese Art von Autorität; allerdings „schütten sie" mit ihrer Forderung, Entscheidungen künftig ohne Chef im Kollektiv herbeiführen zu wollen, sofort wieder „das Kind mit dem Bade aus".

Wenden wir uns nunmehr dem Begriff „Macht" zu: Macht zu besitzen bedeutet, seinen Willen auch gegen den Widerstand anderer durchsetzen zu können.

Macht ist eine Erscheinung in allen gesellschaftlichen Bereichen, zum Beispiel Familie, Interessenverbänden, Industrieunternehmen und Kirchen. Sie ist, genauer durchleuchtet, ein recht komplexes Gebilde, das unter anderem folgende Begriffe beinhaltet oder berührt: Führung, Anordnung, Befehl, Über- beziehungsweise Unterordnung, Autorität, Gehorsam, Vertrauen, Prestige, Furcht, Strafe und Opportunismus.

Die Legitimation aller Macht erfolgt in Demokratien durch das Volk und ist in Rechtsstaaten an Verfassung und Gesetz gebunden.

Machtausübung in Demokratien kann nur Herrschaft auf Zeit sein. Grundbedingung ist eine scharfe Kontrolle der Herrschenden durch das Volk und seine demokratischen Einrichtungen: die Parteien und eine freie Presse (einschließlich Rundfunk und Fernsehen). Welche Bedeutung in diesem Zusammenhang gerade einer freien Presse zukommt, hat die sogenannte Watergate-Affäre drastisch gezeigt.

Moderne Mittel, die Macht zu erringen oder zu sichern, sind Manipulation der Bevölkerung, Propaganda und Werbung. Auch Steigerung des Lebensstandards kann die Bevölkerung zu unkritischer Hinnahme von politischer und wirtschaftlicher Macht bewegen.

In kapitalistischen Ländern mit demokratischen Verfassungen werden die Mächtigen der Wirtschaft, die Besitzer der Produktionsmittel, nicht demokratisch kontrolliert. Ein schwaches Surrogat für diese fehlende Kontrolle in der ehemaligen Bundesrepublik Deutschland ist das Bemühen des Bundeskartellamtes, marktbeherrschende Praktiken zu unterbinden. Da es dieser Institution indessen an Macht fehlt, wird sich in der Praxis nichts ändern — wie die spektakulären ,,Elefanten-Hochzeiten'' der letzten Jahre aller Welt drastisch vor Augen geführt haben. . .

Von Elias Canetti, dem weltberühmten Verfasser von ,,Masse und Macht'', stammt das Gleichnis von der Katze und der Maus, um den Unterschied zwischen Gewalt und Macht darzustellen: Die Maus, einmal gefangen, ist in der Gewalt der Katze. Sie hat sie ergriffen, sie hält sie gepackt, sie wird sie töten. Aber sobald sie mit ihr zu spielen beginnt, kommt etwas Neues hinzu. Sie läßt sie los und erlaubt ihr, ein Stück weiterzulaufen. Kaum hat die Maus ihr den Rücken gekehrt und läuft, ist sie nicht mehr in ihrer Gewalt. Wohl aber steht es in der Macht der Katze, sie sich zurückzuholen. Läßt sie sie ganz laufen, so hat sie sie aus ihrem Machtbereich entlassen. Bis zum Punkt aber, wo sie ihr sicher erreichbar ist, bleibt sie in ihrer Macht. Der Raum, den die Katze überschattet, die Augenblicke der Hoffnung, die sie der Maus läßt, aber unter genauester Bewachung, ohne daß sie ihr Interesse an ihr und ihrer Zerstörung verliert, das alles zusammen: Raum, Hoffnung, Bewachung und Zerstörungsinteresse, könnte man als den eigentlichen Leib der Macht oder einfach als die Macht selbst bezeichnen. Es gehört also dazu — im Gegensatz zur Gewalt — eine gewisse Verbreiterung, mehr Raum und auch etwas mehr Zeit.

An anderer Stelle seines Werkes arbeitet Canetti den Unterschied zwischen dem Reichen und dem Machthaber heraus:

Der Reiche sammelt Haufen und Herden. Für diese steht das Geld. Um Menschen ist es ihm nicht zu tun; es genügt ihm, daß er sich solche kaufen kann.

Der Machthaber sammelt Menschen. Haufen und Herden bedeuten ihm nichts, es sei denn, er braucht sie für die Erwerbung von Menschen. Er will aber Menschen, die leben, um sie in seinen Tod vorauszuschicken oder mitzunehmen. Auf frühere Tote und die Nachgeborenen kommt es ihm nur mittelbar an.

Nun hat die Macht zweifellos noch einen anderen Aspekt, der immer schamhaft verschwiegen wird; ihr haftet etwas Dämonisches an. Das dämonische Wesen der Macht bedeutet, daß sie auch da, wo mit höchster Selbstlosigkeit für ein ideales Ziel gestritten wird, auf die Dauer nur dem Erfolg gewährt, der zugleich mit höchster Vitalität für sein selbstisches Interesse, für die Durchsetzung seines Eigenwillens, streitet; der seinen eigenen Geltungswillen ganz unmittelbar mit dem Einsatz für seine Sache verbindet. Wer Macht besitzt, ist von ihr besessen.

Übrigens, um nochmals auf Marc Aurel zurückzukommen: er war, soweit mir bekannt ist, der einzige römische Kaiser und möglicherweise der einzige Herrscher mit vergleichbarer Machtfülle überhaupt, der seine Macht nicht mißbraucht hat. Er war die Ausnahme, die die Regel bestätigt. . .

Nun denken wir, wenn wir von Macht oder Herrschaft sprechen, in erster Linie an die Herrschenden − vor allem, wenn sie uns wegen ihrer schillernden Persönlichkeit faszinieren. Reflektiert man diesen Dualismus Herrscher − Beherrschte von außerhalb, so muß man sich irgendwann fragen: Wieso lassen sich eigentlich die Menschen so leicht beherrschen?

Für die Tatsache, daß ein Teil der Menschen stets nach Dominanz strebt, der andere Teil hingegen sich grundsätzlich unterordnet, gibt es ein genetisches Fundament. Wie Sigmund Freud schon vor 60 Jahren vorweggenommen hat, resultiert der individuelle Verzicht auf Selbstbehauptung auf zwei voneinander verschiedenen Psychen. Die erste findet sich in jenem Typ, der gewohnheitsmäßig hinter jedem zurücksteht, dem er begegnet, und der auf diese Weise sein Ich-Ideal auf andere Personen oder auf personalisierte Institutionen überträgt. Dieser Typ ist von Autoritätsfiguren emotionell ebenso abhängig, wie er ihnen gehorsam ist. Am anderen Ende begegnen wir Freuds Herrschergestalt, jener angsterregenden Figur, die niemanden liebt außer sich selbst und deren Narzißmus nur durch praktische Erwägungen gedämpft wird.

Bezeichnend für diesen Typ ist, daß er anderer Menschen kaum oder gar nicht bedarf. Er ist voller Selbstvertrauen und sich selber genug. Er tritt hinter niemandem zurück und besitzt große Selbstachtung, weil bei ihm Ich und Ich-Ideal zusammenfallen. Dies wiederum heißt, daß er genau der ist, der er sein möchte. Anders als die meisten Menschen fühlt er keine Veranlassung, über sich hinauszustreben oder um sein Ansehen besorgt zu sein.

Informieren wir uns zwischendurch wieder bei Abraham Maslow, der viele seiner Studien dem menschlichen Dominanzverhalten gewidmet hat. Maslow meinte aufgrund seiner Forschungsergebnisse, daß die Menschen drei Gruppen zugeteilt werden können: solchen mit starker, mittlerer und schwacher Dominanz. Der stark dominierende Typ beschreibt sich mit einem ausgeprägten Gefühl der Selbstachtung, er sieht sich anderen ganz allgemein überlegen und zweifelt überhaupt nicht daran, daß er alles, was er sich vornimmt, erfolgreich ausführen kann. Schüchtern, zaghaft oder beklommen fühlt er sich nie. Am anderen Ende der Skala steht der Typ mit schwacher Dominanz, der sich den meisten Menschen unterlegen fühlt. Er bezweifelt, daß er je mit irgendwem fertig werden könnte, er hat keine gute Meinung von sich und wäre lieber wer anders.

Maslow betont, daß starkes Dominanzgefühl nicht mit Herrschsucht verwechselt werden darf. Der stark dominierende Typ ist keinesfalls immer unangenehm. Starke Dominanzgefühle lassen eher auf Selbstvertrauen schließen als auf Aggressivität. Anstelle von geringem Dominanzgefühl könnte man auch Mangel an Selbstvertrauen oder an Ich-Stärke sagen.

Es gehört zu meinen beruflichen Erfahrungen, daß sich viele Unternehmer scheuen, das Wort ,,Gewinn" in den Mund zu nehmen – von ,,Profit" ganz zu schweigen! Als ob es etwas Sündiges sei, eine selbständige Tätigkeit mit dem Ziele auszuüben, damit möglichst viel Geld zu verdienen! Ähnlich verhält es sich mit dem Dominanzstreben. Ein starkes Selbstwertgefühl zu haben und sich anderen überlegen zu fühlen ist ein Zeichen für psychologisch gesunde Menschen. Sollen sich die wenigen, die dieses positive Merkmal aufweisen, deshalb etwa schämen und sich vor den vielen psychologischen Versagern verstecken? Es ist wirklich höchste Zeit, daß jene erfolgreichen Unternehmer, die Millionen überhaupt erst Arbeit und Brot verschaffen und ihnen zu einem Lebensstandard verhelfen, von denen ihre Großväter noch nicht einmal zu träumen wagten, endlich aus der Reserve heraustreten.

Nun sind der Mensch und seine Primatenvorfahren seit mindestens 20 Millionen Jahren gesellschaftlich lebende Tiere. Das in dieser langen Zeit eingeübte gesellschaftliche Verhalten wird vererbt, und es steht derzeit nicht in der Macht des Menschen, die genetische Uhr zurückzustellen. Das bedeutet aber: Im jetzigen Stadium teilt die menschliche Gesellschaft drei spezifische Charakterzüge mit anderen Tiergesellschaften, und sie sind es wert, einzeln erörtert zu werden.

Zum ersten garantiert unsere gesellschaftliche Vergangenheit dafür, daß jeder Artangehörige den Antrieb erbt, auf der Dominanzleiter aufzusteigen. Alle gesellschaftlich lebenden Säugetiere sind Statussucher, und Homo sapiens bildet keine Ausnahme. Jedes Gemeinwesen braucht eine fähige Führung und eine wirksame Prioritätenordnung.

Zum zweiten steht fest, daß ein Gemeinwesen nur wirkungsvoll kooperieren kann, wenn die statusbewußten Mitglieder irgendwann einmal die konkurrierende Haltung aufgeben und sich mit jenen Stellungen begnügen, die sie erreicht haben. Dies bezeichnet die zweite eindeutig hierarchische Eigenart. Der Mensch hat wie alle anderen erfolgreichen Wirbeltiere offenbar eine gut ausgeprägte Fähigkeit zur Unterordnung ererbt, die seinen Ehrgeiz im geeigneten Augenblick bremst.

Der dritte Teil dieser gesellschaftlichen Erbschaft ist das logische Ergebnis einer solchen Fähigkeit zur Unterordnung. Da jedes Individuum sich mit einem einzig ihm zukommenden Rang begnügen muß, erhalten wir eine Gesellschaft von Ungleichen. Innerhalb der Gesellschaft betätigt sich jedes Individuum in einem ziemlich stabilen Rahmen irgendwo zwischen den beiden Extremen prahlerischer Selbstanpreisung und zaghafter Unterwerfung. Diese Skala der Dominanzgefühle darf nicht mit der formalen Rangordnung innerhalb des Gemeinwesens verwechselt werden, doch gibt es selbstverständlich Zusammenhänge zwischen beiden. Die Stabilität eines Gemeinwesens ist bis zu einem gewissen Grade abhängig davon, daß die Selbsteinschätzung des Individuums ungefähr dem ihm zuerkannten Rang entspricht.

Doch ist über das Phänomen des Beherrschtwerdenwollens noch nicht alles gesagt. Man kann hier in der Tat von einem Phänomen sprechen, wenn der ,,kleine Mann'', also unser Hinterweltler, nach einer Regierung verlangt, die ,,hart'' sein kann — hart gegenüber ihm selbst. Wo die führenden Köpfe nachgiebig werden und zwischen den Gruppeninteressen lavieren, da ertönt der Ruf nach dem ,,starken Mann''. Selbst jene, die sich gegen eine etablierte Macht erheben, wollen ,,oben'' die harte Hand. So sehr ist der Mensch unseres Kulturkreises an Macht überhaupt gewöhnt. ,,Nimm, Hundesohn, die Macht, wenn man sie dir gibt!''. Das schrie, wie berichtet wird, ein russischer Revolutionär dem Minister Tschernow ins Gesicht — wobei er sich ,,wie besessen'' gebärdete.

Unsere Gegenwartsgeschichte, insgesamt ein „Lehrstück" im Sinne Bert Brechts, bietet Beispiele in Hülle und Fülle, daß sich die Menschen nach einem starken Mann sehnen und daß es, von der anderen Seite her betrachtet, nichts Schlimmeres gibt als ein Machtvakuum. Das imponierendste und zugleich tragischste Beispiel ist die zerfallende Sowjetunion. Zuerst hatten sich alle Hoffnungen auf Gorbatschow gerichtet. Es hat indessen nur wenige Monate gedauert, da hatte er abgewirtschaftet. Als „Kind der Partei" suchte er bis zur letzten Minute nach Kompromissen – und daran ist er gescheitert. Bei Machtkämpfen gibt es keine Kompromisse! Und zur Zeit (Dezember 91) hat auch Jelzin schon Atembeschwerden: Die dünne Luft auf dem höchsten Machtgipfel scheint auch ihm nicht zu bekommen. Und, was das Schlimmste ist: Jelzin ist nicht so mächtig, wie es den Anschein hat, sein Schicksal hängt von der Haltung des Militärs ab. Er ist also, alles in allem, ein reduzierter Machthaber. . .

Wir wollen nunmehr noch kurz den Begriff der „Herrschaft" erläutern. „Herrschaft" ist eine an Regeln und Recht gebundene Machtausübung. Sie teilt die Gesellschaft in Herrschende und Beherrschte auf.

Herrschaft unterscheidet sich von Macht dadurch, daß sie eine durch Gesetze, Ideen, Ideologien, Werte, Normen und Gewohnheit gerechtfertigte Macht ist. Im Gegensatz zur („nackten") Macht kann die Herrschaft also nicht den Anschein reiner Willkür haben.

Die Instrumente staatlicher Herrschaft sind ebenfalls nach den Prinzipien von Befehl und Gehorsam aufgebaut. Die Organe dieser Herrschaft sorgen dafür, daß Vorschriften und Befehle befolgt werden. Bei Nichtbefolgung haben die Beherrschten disziplinierende Maßnahmen, Strafen oder Sanktionen zu erwarten. Im äußersten Falle greifen die Herrschenden zur Gewalt, die auf verschiedene Weise gerechtfertigt wird.

Auch hier darf der Hinweis nicht fehlen, daß zur Herrschaft oftmals die Freiwilligkeit des Gehorchens gehört. Häufig empfinden die Beherrschten die Herrschaft gar nicht als solche. Sie ist ihnen selbstverständlich, und sie haben sich aufgrund von Sitten oder Wertvorstellungen an ein bestimmtes Herrschaftssystem gewöhnt.

Das bewußte oder unbewußte Sichfügen in eine Herrschaft kann sogar durch Interessen oder Nützlichkeitserwägungen der Beherrschten begründet sein. Die meisten Beherrschten fügen sich in Herrschaftssysteme ein, weil sie sich davon vor allem materielle Vorteile versprechen. Vom Widerstand gegen die Herrschaft befürchtet man nicht ohne Grund Nachteile.

Herrschaft wird von den Beherrschten auch aus religiöser Überzeugung hingenommen. Insofern hat das Christentum viel zur Etablierung und Festigung von Machtverhältnissen aller Art beigetragen: weil es sich stets auf folgende, oft zitierte Stelle aus dem Römer-Brief des Apostel Paulus berief: ,,Jedermann soll den obrigkeitlichen Gewalten untertan sein. Denn es gibt keine Gewalt, die nicht von Gott stammt; die bestehenden sind von Gott angeordnet. Wer also sich der Gewalt widersetzt, widersteht der Anordnung Gottes. Die aber Widerstand leisten, werden sich selbst das Urteil holen." Dieses Bibelzitat hat oftmals verderblich gewirkt, weil es einem überzeugten Christen den Widerstand auch gegen unrechtmäßige Gewalt, gegen Diktatoren oder Terrorregimes, nahezu unmöglich machte.

Zusammenfassung der wesentlichen Gesichtspunkte des 1. Abschnitts dieses Kapitels:

○ Wer Macht besitzt, ist von ihr besessen.

○ Für das Beherrschtwerdenwollen gibt es ein genetisches Fundament.

○ Unsere gesellschaftliche Vergangenheit garantiert dafür, daß jeder Artangehörige den Antrieb erbt, auf der Dominanzleiter aufzusteigen.

○ Alle gesellschaftlich lebenden Säugetiere sind Statussucher, und Homo sapiens bildet keine Ausnahme.

○ Der Mensch hat andererseits, wie alle anderen erfolgreichen Wirbeltiere, eine gut ausgeprägte Fähigkeit zur Unterordnung ererbt, die seinen Ehrgeiz im geeigneten Augenblick bremst.

○ Da jedes Individuum sich mit einem einzig ihm zukommenden Rang begnügen muß, erhalten wir eine Gesellschaft von Ungleichen.

○ Wo die führenden Köpfe einer Gesellschaft nachgiebig werden und zwischen den Gruppeninteressen lavieren, ertönt der Ruf nach dem „starken Mann".

Wir wollen, nach diesem Essay über Macht und Herrschaft, nun einen Blick auf die Praxis der Machtausübung werfen; entsprechend der Überschrift dieses Kapitels: „Von der unbeschränkten Herrschaft zur dosierten Entmachtung". Beginnen wir mit einem prominenten Vertreter des von unseren Hinterweltlern so geschätzten Römischen Reiches, wo „Gesetz und Ordnung" herrschten – mit Julius Caesar. Wir alle, die wir ehemalige Lateiner sind, haben ja seinen „Gallischen Krieg" in bester Erinnerung. Also: Wie kam Caesar an die Macht – und wie nützte er sie?

4.2. Eine Karriere um jeden Preis: Julius Caesar

Caesar, obwohl adeliger Abstammung, entbehrte alles, was seine Laufbahn leicht und angenehm gemacht hätte: Geld, Ansehen, politische Protektion – selbst robuste Gesundheit, denn er litt Zeit seines Lebens an einer leichten Epilepsie. Bereits als junger Mann hatte er ausgesprochenes politisches Pech: als Protegé des verpönten Marius wurde ihm von Sulla der Rest seines kärglichen Vermögens genommen; um der Ächtung und Ermordung zu entgehen, flüchtete er in den Osten des Weltreiches und tauchte unter. Mit anderen Worten: Bis in sein 40. Lebensjahr verlief Caesars Leben genauso unbedeutend und für ihn enttäuschend wie vergleichsweise das Leben Hitlers bis in die frühen 20er Jahre. Kein Zeitgenosse hätte damals einen Pfifferling auf Caesars spätere Karriere gewettet.

Um seine Mußezeit auszufüllen, begab sich Caesar auf die Insel Rhodos und studierte an der dortigen Hochschule vor allem griechische Dialektik, um als Redner glänzen zu können. Zwischendurch kehrte er immer wieder nach Rom zurück und knüpfte Verhältnisse zu Frauen vornehmer Bürger und Adeliger. Seine Skandalgeschichten verschafften ihm eine ungeheure Popularität bei den Massen Roms, die traditionell — und aus guten Gründen — gegen den Adel eingestellt waren.

Trotzdem muß festgestellt werden, daß Caesar niemals den Weg zum Gipfel geschafft hätte, wenn ihm nicht die äußeren Umstände entgegengekommen wären — genau wie später Hitler. Rom dehnte sich zu dieser Zeit explosionsartig aus, und zwar ausschließlich durch Raubkriege in die angrenzenden Gebiete beziehungsweise Staatsgebilde. War Rom bis dato eher nüchtern gewesen, so änderte sich jetzt die Szene schlagartig: Die ungeheure, nach Rom geschleppte Beute und der ständige Zustrom der Sklaven aus der griechischen Welt sorgten für einen radikalen Wechsel im römischen Werte- und Normensystem. Griechisch zu leben war „in". Griechische Mode bestimmte die Kleidung, griechische Bücher das Denken, griechische Dichtung den Geschmack und griechische Architektur den Baustil. Die Sucht, hinter der Entwicklung nicht zurückzubleiben, die neuesten Bauten, Tempel und Brunnen zu finanzieren, drängte fortgesetzt nach neuen Ausgaben; die nötige Deckung der öffentlichen wie privaten Ausgaben wiederum trieb zur Fortsetzung der imperialistischen Ausbreitung, die den Anstoß zu der ganzen Entwicklung gegeben hatte. Der dauernde Zuzug vom Lande, wo die Sklavenwirtschaft die Reste der Bauernschaft verdrängte, sowie das Aufkommen des städtischen Handwerks, das von freigelassenen Sklaven in einer für ihre ehemaligen Herren profitablen Weise ausgeübt wurde, verstärkte gleichzeitig die Macht der unteren Schichten, die dem alten Adel feindselig gegenüberstanden. Die Aussicht auf einen Umsturz der bestehenden Staatsordnung verbesserte sich also ununterbrochen. Die Diktatur hing, wie oft in solchen Zeiten, sozusagen in der Luft.

Der politische Aufstieg für Caesar begann, als er sich mit dem reichen Crassus verbündete, der ihm seine Karriere finanzierte und (nach heutiger Währung) rund 8 Millionen Mark an Caesar auslieh. Crassus war ein typischer Vertreter des sogenannten Raubkapitalismus. Mit den Geldern, die er als ehemaliger Offizier getöteten Gegnern abgenommen hatte, entwickelte er sich zum größten Sklavenimporteur und -halter. Er errichtete sogar eigene Sklavenschulen, um den Marktwert seiner Ware zu steigern. Außerdem kontrollierte er die römische Feuerwehr, die instruiert war, Brände erst zu löschen, wenn die jammernden Besitzer ihre lodernden Häuser für ein Spottgeld an den großen Finanzmann abgetreten hatten. Schließlich war Crassus noch Oberbefehlshaber des römischen Heeres; mit ihm schlug er den Aufstand des Spartakus, den größten Sklavenaufstand der Geschichte, erfolgreich nieder.

Allerdings genügte dem Crassus dies alles noch nicht. Er wollte eine ergiebige Provinz in Übersee zur Ausbeutung bekommen, was wiederum Pompejus vereitelte. So verbündete sich Crassus mit Caesar, der planmäßig eine enge Verbindung zum Forum aufgebaut hatte. Dort, das heißt auf dem Marktplatz, spielte sich das wirkliche politische Leben ab. Dort trafen sich Volksvertreter, Parteisekretäre und Parteibonzen sowie die ewig wechselnde Schar der Bittsteller. Mit ihnen allen stand Caesar auf gutem Fuße. Als er schließlich das Amt des Polizeidirektors innehatte, verwöhnte er die Massen in einem bisher nie bekannten Ausmaß. So ließ er im Zirkus bei einer einzigen Vorstellung fast 2000 Raubtiere auftreten; dazu mußten 320 Gladiatoren so lange gegeneinander kämpfen, bis fast keiner mehr übrig war. Außerdem erhöhte er die Getreidespenden – heute würde man sagen: die Arbeitslosenunterstützung – erheblich und schmierte die Volksvertreter in einem Maße, das sogar im korrupten Rom jener Zeit Aufsehen erregte.

Trotzdem befand sich Caesar in einem echten Dilemma: Die Wirkung, die er mit seiner ,,Mildtätigkeit'' erzielte, konnte nur so lange anhalten, als das Geld des Crassus ausreichte. Gingen dessen Geldmittel zu Ende, bevor Caesar die Macht errungen hatte, waren alle Anstrengungen vergebens. Die Besorgnis, den rechten Zeitpunkt zu verpassen, durch die Langsamkeit des Aufstieges zum Konsulat vorzeitig zugrundezugehen, verdüsterten Caesars beste Jahre. Das dauernde politische Manövrieren im Dienste anderer, das ständige Agitierenmüssen für Ackerverteilung, Brotverbilligung und Steuererleichterungen im Interesse der Massen, das Drängen des Crassus auf endliche Ergatterung eines profitversprechenden Oberbefehles machten ihn müde und mürbe.

Caesar stand bereits im 37. Lebensjahr, als er endlich das unbedeutende Amt des Polizeidirektors erreicht hatte. Er, der immer von seinen außergewöhnlichen Fähigkeiten überzeugt war, sah sich in all diesen Jahren gezwungen, das Spiel von Männern zu fördern, denen er sich intellektuell überlegen fühlte — die ihn aber an Macht überragten.

Die entscheidende Wende kam für Caesar, als er das Zweckbündnis mit Pompejus und Crassus einging, das unter dem Namen „Triumvirat" geschichtlich überliefert ist. Der Zweck dieses Unterfangens war, sich durch Einfluß auf die Vollversammlung und finanzielle Einwirkung auf Wähler wie Volkstribunen leitende Staatsstellen zu versichern. Die Rechnung ging für Caesar auf: Er bekam zunächst das Amt eines provinziellen Gerichtsherren in Spanien. Er nützte seinen dortigen Aufenthalt zur Sammlung einiger militärischer Erfahrung — vor allem aber zur Anhäufung eines genügenden Wahlfonds auf Kosten geplünderter Eingeborener und schutzbedürftiger Provinzialen, von denen er sich für seine guten Dienste schmieren ließ. Das Jahr 59 v.Chr. brachte ihm endlich die ersehnte Konsulwürde. Er benützte seinen neuen Einfluß sofort, um sich mit Hilfe eines bestochenen Volkstribunen für volle 5 Jahre die Statthalterschaft im italienischen Teil der Provinz Gallien sowie in Illyrien sichern zu lassen. Pompejus, dem Caesar seine Tochter Julia zur Frau gab, übertrug ihm auch noch die Statthalterschaft in Gallien jenseits der Alpen.

Die unerhörte Entschlossenheit, mit der sich der nun bereits 44jährige Politiker, der bisher keine nennenswerte militärische Schulung besaß, auf diese Riesenaufgabe der Unterwerfung und Kolonialisierung des gewaltigen Gebietes stürzte, zeigte, wie sehr der „psychologische Spätzünder" Caesar nach Macht hungerte. Seine Aufgabe war allerdings nur deshalb lösbar, weil er sich einer uneinigen Bevölkerung gegenübersah: Gallien war in Dutzende von Völkerschaften gespalten.

Die militärischen Leistungen Caesars, der ohne Feldherrnerfahrung in diesen Krieg schlitterte, sichern ihm einen Sonderplatz in der Kriegsgeschichte. Sein Erfolg beruhte zum einen auf dem Verständnis für seine Leute, das heißt: Er war in hohem Maße kommunikationsfähig. Zum anderen entschied die planvolle Organisation, die Disziplin, die gute Ausbildung, die hervorragende Bewaffnung und die technische Erfahrung seines Heeres, das allein bei seinem Auftauchen Angst und Schrecken verbreitete, den Krieg zugunsten Caesars.

Ausdrücklich erwähnt werden muß hier noch der Wirklichkeitssinn Caesars, das heißt, sein Blick für Realitäten, und der Mut, die Konsequenzen daraus zu ziehen. So räumte er mehrmals Kriegsschauplätze, um einer sicheren Niederlage zu entgehen; eine Haltung, zu der sich ein Hitler nie durchringen konnte, der lieber eine ganze Armee in Stalingrad verbluten ließ, um sein Image als erfolgreicher Heerführer nicht zu schädigen und weil er vorher immer lauthals verkündet hatte, daß der deutsche Soldat keinen Fußbreit eroberten Gebietes aufgeben würde. Für diese Prahlsucht mußten Hunderttausende sterben. . .

Caesar war im übrigen im Umgang mit der Macht nicht „pingelig" – vor allem, was die unterworfenen Völkerschaften anbetraf. Durch Geiselnahme in den gallischen Fürstenfamilien hielt er die eroberten Provinzen nieder. Gefangene Feinde wurden sofort an die im Troß mitziehenden Händler als Sklaven verkauft. Als während des zweiten Gallischen Krieges Vercingetorix dem Caesar ernsthafte Schwierigkeiten bereitete und ihn dadurch an der Rückkehr nach Rom hinderte, wo er endgültig nach der höchsten Macht greifen wollte, kannte sein Haß keine Grenzen. Als er Vercingetorix mit seinen Leuten ausgehungert und gefangen hatte, ließ er alle Häuptlinge öffentlich zu Tode peitschen und ganzen Stämmen die Hände abhacken. Vercingetorix hielt er jahrelang gefangen, bis er ihn im Triumphzug durch Rom führen konnte, und ließ ihn dann erdrosseln.

Nun hatte sich in diesen 20 Jahren, in denen Caesar seinen Kampf um die Macht führte, ein wesentlicher Umschwung im römischen Heere vollzogen. Früher dienten Bauernsöhne und das städtische Proletariat als Legionäre, während der Adel die Offiziersstellen bekleidete. Durch die ständige Expansion des Reiches wurden Berufsheere notwendig, das heißt gut ausgebildete, disziplinierte und technisch geschickte Söldner. Die stellten natürlich ihre Forderungen – nicht nur hinsichtlich des Soldes, sondern vor allem hinsichtlich ihrer späteren Versorgung, wenn sie den aktiven Dienst hinter sich hatten. Schon Sulla hatte viel für die sogenannten Veteranen getan; und seit dieser Zeit mußte jeder Heerführer besorgt sein, für seine Veteranen vom Senat Land zu bekommen. Der Senat wiederum sah diese Entwicklung mit Sorge. Weil er – mit Recht – fürchtete, daß ein erfolgreicher Heerführer mit Hilfe seiner Legionäre eine Diktatur errichten könnte.

Dieses Problem wurde tatsächlich so akut wie nie, als Caesar nach Ablauf seiner zehnjährigen Amtszeit in Gallien vom Senat aufgefordert wurde, sein Heer zu entlassen. Caesar weigerte sich prompt, überschritt den damaligen Grenzfluß zwischen Gallien und Italien, den Rubikon, und marschierte mit seinen Legionen auf Rom. Pompejus, fast der gesamte Senat und ein Großteil des Adels flüchteten bei dieser Nachricht nach Griechenland und nahmen − sozusagen im Weltmaßstab − von dort den Kampf gegen Caesar auf.

Es spricht wiederum für die politische Klugheit Caesars, daß er in Rom nicht das erwartete Gemetzel durchführte, sondern sich mit dem Rest von Senat und Adel arrangierte und durch großzügige Geschenke neue Freunde hinzugewann. Im übrigen ließ er in der Verwaltung alles beim alten und machte sich daran, in einem jahrelangen Kampf Pompejus zu vernichten. Auch dabei ging er militärisch wieder sehr geschickt vor, indem er die weit verstreuten Heere des Pompejus (zum Beispiel in Spanien) aufsuchte und einzeln vernichtete, ehe sie sich zu einer unüberwindlichen Gesamtstreitmacht vereinigen konnten. Schließlich schlug er Pompejus in offener Feldschlacht bei Pharsalus − und war damit de facto Herrscher über die damals bekannte Welt.

Pompejus floh, ständig von Caesar verfolgt, durch das östliche Mittelmeer und wurde schließlich bei der Landung in Ägypten ermordet. Und als Caesar danach in Alexandria übernachtete, traf er Cleopatra; womit eine der berühmtesten Liebesgeschichten der Weltgeschichte begann – mit enormer politischer Brisanz.

Das gewaltsame Ende Caesars war unausbleiblich. Wieder zurück in Rom, das er immer wieder für Feldzüge verlassen mußte, versuchte er, den Staatsapparat in Ordnung zu bringen. Er beschlagnahmte die Güter des ansässigen Adels, um Boden für seine Veteranen zu haben, und verhinderte die weitere Ausbeutung der italienischen Stammprovinzen durch den Adel. Er war, wie stets, in der Wahl seiner Mittel und seiner Mittelsmänner nicht wählerisch. Caesars offizieller Vertreter zum Beispiel, Mark Anton, hatte sich durch sein wüstes Treiben im damaligen Rom unmöglich gemacht. Kurz und gut: Caesar besetzte alle wesentlichen Staatsstellen mit seinen Anhängern, entmachtete den Adel und beschnitt auch noch den alten ,,Raubkapitalisten'' die Flügel. Er setzte ein neues Gesetz durch, nach dem höhere Staatsbeamte nach einem Dienstjahr in den Senat überwechseln konnten – in der Absicht, den Senat zu ,,verwässern''. Die Volkstribunen waren ja sowieso seine Anhänger. Mit der neuen Mehrheit im Senat wollte er sich nach Rückkehr von einem Feldzug gegen die Parther zum König krönen lassen. Dann hätte ihm auch eine Leibwacht zugestanden – auf die er bisher verzichtete, weil er die Gefahr mißachtete und wohl auch unterschätzte. So wurde er schließlich von jenen erdolcht, die er zu seinen Freunden zählte; im Verein mit jenen, die früher geglaubt hatten, sie könnten Caesar vor ihren Wagen spannen, wenn sie ihm eine politische Karriere ermöglichten.

Ich habe für die Demonstration einer unbeschränkten Herrschaft mit Bedacht Julius Caesar ausgewählt — weil er ein Paradebeispiel der Weltgeschichte ist. Mit beängstigenden Parallelen zu unserer Gegenwart, übrigens. . .

Der „Fall Caesar" ist so interessant, weil Caesar es mit den verschiedensten Interessengruppen zu tun hatte, die auch heute noch in unserer kapitalistischen Industriewelt existieren: die „Raubkapitalisten" beispielsweise, die aus Profitgier unseren Planeten systematisch zerstören; die politischen Parteien, die aus Gründen des Stimmenfangs nur selten ihre Zustimmung zu wirklich vernünftigen Parlamentsentscheidungen geben; die Gewerkschaften schließlich, die als Vertreter der arbeitenden Massen — genau wie im alten Rom — ständig mit Tarifgeschenken ruhig gehalten werden müssen — wider alle volkswirtschaftliche Vernunft. Wirklich: Es ist alles schon einmal dagewesen. . .

Nur der „mündige Staatsbürger", der laut Verfassung unser Parlament kontrolliert, läßt — wie zu Caesars Zeiten — noch immer auf sich warten. Und es glaube doch niemand, daß die Bundesdeutschen nach 40 Jahren aufgepfropfter Demokratie nicht mehr für Diktaturen anfällig wären! Die Angst des römischen Senats vor einem dämonischen Führer mit Charisma und Hausmacht sollte auch unseren Spitzenpolitikern ständig im Nacken sitzen.

P.S. Vielleicht ist es einigen Lesern aufgefallen, daß im Abschnitt über Caesar das Wort „Ethik" nicht ein einziges Mal erschienen ist. Mit Recht — weil es in dieser Thematik fehl am Platze wäre. Wer von meinen Lesern sich indessen über die problematische Dialektik von Macht und Ethik informieren möchte, der lese mein „Chefbrevier" (mvg-verlag).

4.3. Das Macht-Organigramm von Militär und Kirche

Als das industrielle Zeitalter vor etwa 100 Jahren begann und die ersten Großbetriebe entstanden, suchte man erst gar nicht lange nach speziellen Hierarchiemodellen, sondern übernahm kurzerhand das Organigramm zweier Machtorganisationen, die sich jahrtausendelang erfolgreich behauptet hatten: des Militärs und der katholischen Kirche. Es ist deshalb für unsere Beschreibung des Weges zur „dosierten Entmachtung", wie wir sie heute in Staat, Industrie und Wirtschaft vorfinden, nicht unwesentlich, einmal einen vergleichenden Blick auf diese beiden traditionellen Machtinstitutionen zu werfen.

Das Militär, allen älteren Deutschen aus eigener Anschauung wohlbekannt, gleicht in seiner hierarchischen Gliederung derjenigen der Kirche vollkommen, oder umgekehrt. Trotzdem ergeben sich bei exaktem Vergleich dieser beiden Institutionen gewaltige Unterschiede. Was nämlich die Entscheidungsfreiheit und Handlungsvollmacht anbetrifft, so hat es jeder Offizier — vom Kompagniechef bis zum Divisionär — ungleich besser als die Führungskräfte der Kirche. Ein Tatbestand, der sicherlich bei theologischen Laien große Verwunderung hervorruft.

Beim Militär findet eine echte Machtdelegation statt: jeder Offizier ist für seinen Truppenteil voll verantwortlich. Das gilt ganz besonders in Kriegszeiten; denn jeder Befehl, der von oben kommt, beginnt mit zwei klassischen Hinweisen· Erstens: Feindlage, zweitens: eigene Absicht. Aus diesen beiden Grundsatzkriterien entwickelt sich der eigentliche Befehl an den Chef der jeweils nächstniedrigeren Instanz. Das bedeutet aber: Wie beispielsweise ein Bataillons-Kommandeur diesen Befehl in die Praxis des Schlachtfeldes umsetzt, ist ihm allein überlassen. Die Aktionen des Feindes zwingen ihn in aller Regel zu ständigen Umdispositionen und neuen Entschlüssen; und da in einer Krisensituation nichts schädlicher ist als ein zauderndes Verhalten, hieß die oberste Regel jeder Kriegsschulausbildung: ,,Ein falscher Entschluß ist besser als kein Entschluß!'' Und stets war — und ist noch heute — jeder Offizier für die Folgen seiner Entschlüsse voll verantwortlich.

Bei der katholischen Kirche, die auch heute noch von vielen Unternehmen als musterhafte und nachahmenswerte Organisation betrachtet wird, ist von dieser Entscheidungsfreiheit keine Rede. So kann man beispielsweise im ,,Kirchenrecht'' von Eichmann-Mörsdorf nachlesen:

Die tragenden Grundpfeiler der Kirchenverfassung sind der päpstliche Primat und der Episkopat.

Der Papst hat die oberste Hirtengewalt über die ganze Kirche, und die Bischöfe haben eine der päpstlichen

Höchstgewalt untergeordnete oberhirtliche Gewalt für die Leitung der ihnen anvertrauten Teilgemeinschaften.

Das heißt in praxi: Die Bischöfe sind nur Verwaltungsbeamte, die die Anordnungen des Papstes auszuführen haben. Dies wird vollends klar, wenn man sich die Beschreibung der päpstlichen Funktion ansieht. Danach ist die oberste Hirtengewalt des Papstes:

1. *Höchstgewalt,* das heißt, sie ist höchste Gewalt im kirchlichen Bereich und unabhängig von jeder menschlichen Gewalt.

2. *Vollgewalt,* das heißt, der Papst besitzt die kirchliche Höchstgewalt in ihrer Fülle, also ohne irgendeine Beschränkung. Er teilt sie nicht mit dem Kardinalkollegium und nicht mit den Bischöfen in ihrer Gesamtheit, abgesehen von dem allgemeinen Konzil, dem höchste Vollgewalt zukommt, weil und insofern der Papst sein Haupt ist. Als Vollgewalt erstreckt sich die Gewalt des Papstes unter anderem auf den Glauben, die Sitten, die kirchliche Zucht, die Leitung der Kirche und so weiter. Insbesondere hat der Papst die oberste Lehrgewalt und ist, wenn er amtlich als oberster Lehrer über Glaubens- und Sittensachen seine Entscheidung trifft, unfehlbar.

3. *Bischofsgewalt,* das heißt, der Papst ist der Universalbischof der Gesamtkirche. Er kann von seiner Vollgewalt überall in der ganzen Kirche Gebrauch ma-

chen; er hat eine mit der Gewalt des Einzelbischofs konkurrierende und dieser übergeordneten Bischofsgewalt in jedem Bistum. Die Gläubigen können ihre Rechtssachen unter Umgehung des ordentlichen Rechtsweges unmittelbar an den Papst bringen. Der Papst ist der Bischof für alle.

Trotz dieser ordentlichen, unmittelbaren und vollen Höchstgewalt üben weder der Papst persönlich noch seine Vertreterorgane diese Gewaltfülle aus. Die Aufgabe der päpstlichen Primatialgewalt liegt vornehmlich darin, in den für das kirchliche Leben entscheidungsvollen Fragen eine einheitliche Führung zu gewährleisten. Daher sind dem Papst und den Organen der Römischen Kirche nur die wichtigeren Angelegenheiten vorbehalten, und zwar hinsichtlich Gesetzgebung, Rechtsprechung und Verwaltung.

Wenn sich der Papst auch — wie beschrieben — beschränkt, so kann er doch als unmittelbarer Hirte alle Sachen an sich ziehen. Was der Papst einmal an sich gezogen hat, kann von untergeordneten Stellen nicht mehr selbständig bearbeitet, geschweige denn geändert oder aufgehoben werden.

Wie machtlos alle hierarchischen Ebenen unterhalb des Papstes sind, ergibt sich auch aus den ,,Stellenbeschreibungen'' für die nächsten Instanzen:

Die Kardinäle bilden den Senat des Papstes und stehen ihm als Berater und Helfer zur Seite. Der Kardinalat ist kein Kirchenamt, sondern die höchste kirchliche Würde. Das Kardinalkollegium ist juristische Person, der als Dekan der rangälteste Bischof vorsteht. Er ist nur Erster unter Gleichen und besitzt keine obrigkeitlichen Befugnisse über die Mitkardinäle.

Der Metropolit oder Erzbischof hat keine allgemeine Hoheit über seine Provinz, sondern nur bestimmte hoheitliche Befugnisse. Er hat kein Gesetzgebungsrecht. In Verwaltungsangelegenheiten hat der Metropolit gewisse Aufsichts- und Ergänzungsrechte, wie beispielsweise: Reinerhaltung des Glaubens, Einhaltung der kirchlichen Ordnung sowie die Pflicht, über etwaige Mißbräuche an den Heiligen Stuhl zu berichten; er ist hingegen nicht befugt, selbständig dagegen einzuschreiten. Er besitzt nicht einmal ein Visitationsrecht.

Die Bischöfe haben kein Selbstversammlungsrecht; das heißt, es ist ihnen nicht erlaubt, sich irgendwo zu versammeln und selbständig bestimmte Probleme durchzudiskutieren. Eine derartige Versammlung bedarf der Genehmigung des Metropoliten, der auch den Versammlungsort bestimmt.

Wie alle autoritären Systeme legt auch die Kirche größten Wert auf strenge Kontrolle aller nachgeordneten Instanzen. So müssen die Erzbischöfe nicht nur regelmäßig nach Rom berichten; der Papst hat auch das Recht, jederzeit einen Legaten mit außerordentlichen Vollmachten in die einzelnen Kirchenprovinzen zu entsenden, um die Amtsführung der Bischöfe zu kontrollieren.

Ich glaube, jeder Direktor eines Konzerns würde unter solchen Bedingungen sofort seinen Hut nehmen und sich nach einer Firma umsehen, die weniger autoritär

geführt wird; und wo er innerhalb eines Verantwortungs-
bereiches auch frei entscheiden kann.

Natürlich hat die Verfassung der katholischen Kirche ihre historischen Ursachen. So begann die Kirche
etwa 200 Jahre nach Caesar ihr Imperium zu installie-
ren. Und es ist verständlich, daß man in dieser ,,Grün-
derphase'' die Gefahren des ,,Caesarismus'' a priori gar
nicht aufkommen lassen wollte. Trotzdem ist die Kirche von massiven Machtkämpfen nicht verschont geblieben und hat etwa 1000 Jahre benötigt, um sich endgültig zu etablieren.

Mit anderen Worten: Die Angst vor dem Machtmißbrauch eines einzelnen ,,Top-Managers'' hat zu allen
Zeiten die menschliche Gesellschaft bewegt − aufgrund
übler Erfahrungen. Wir wollen nunmehr untersuchen,
und zwar am Beispiel des Vorstandes einer deutschen
Aktiengesellschaft, wie unsere Industriegesellschaft versucht, dem Machtmißbrauch von Top-Managern vorzubeugen.

4.4. Der Vorstand einer Aktiengesellschaft

Der Vorstand einer Aktiengesellschaft leitet laut Gesetz
die Gesellschaft unter eigener Verantwortlichkeit. Das
Gesetz sagt jedoch nicht präzise, was unter ,,Leitung
der Gesellschaft'' verstanden werden soll. Es kann davon ausgegangen werden, daß ,,Leitung der Gesellschaft'' mehr ist als die Geschäftsführung und -ver-
tretung. Allgemein ist unter der ,,Leitung'' die Durch-

führung der unternehmerischen Tätigkeit innerhalb der Gesellschaft zu verstehen. Sie umfaßt daher die Koordinierung der Aufgaben und das Betreiben der Geschäftspolitik.

Der Vorstandsvorsitzer hat als „Zugpferd des Managements" für das Unternehmen eine besondere Imagebedeutung; während die anderen Vorstände – kraß formuliert – nur „Mitläufer" sind.

Dieser Eindruck, der in der Öffentlichkeit fast durchwegs angetroffen wird, entspricht allerdings nicht immer den Realitäten. Denn das Gesetz will ja – aus Furcht vor „Caesarismus" – gerade vermeiden, daß der Vorstandsvorsitzende zu mächtig wird. Der Gesetzgeber hat deshalb dafür gesorgt, daß – jedenfalls auf dem Papier – der Vorstandsvorsitzer zu einem „Ersten unter Gleichen" herabgestuft wird.

Sofern nämlich keine andere Regelung vorhanden ist, sind alle Vorstandsmitglieder nur gemeinschaftlich zur Geschäftsführung befugt. Daraus folgt, daß immer, wenn es zur Beschlußfassung des Gesamtvorstandes kommt, Einstimmigkeit hergestellt sein muß. Jedes einzelne Vorstandsmitglied kann den Anordnungen oder Maßnahmen eines anderen widersprechen, so daß die Maßnahme unterbleiben muß.

Wichtige Ausnahmen hinsichtlich der gemeinsamen Geschäftsführung bestehen einmal für den Fall, daß Gefahr im Verzug ist. In diesem Falle bedarf es nicht der Zustimmung sämtlicher Vorstandsmitglieder. Sofern die Zustimmung allerdings einholbar ist, muß sie auch eingeholt werden. Nur bei einem nicht rechtzeitig erreichbaren Vorstandsmitglied kann auf die Zustimmung verzichtet werden. Eine weitere Ausnahme betrifft Maßnahmen, die zur Erhaltung eines Gegenstandes des Gesellschaftsvermögens notwendig sind. Auch für solche Maßnahmen ist die Zustimmung aller Vorstandsmitglieder nicht erforderlich.

Die vom Gesetz statuierte Gesamtgeschäftsführung ist wegen der Zustimmungsbedürftigkeit aller Vorstandskollegen zu schwerfällig, so daß in der Praxis nur selten die gesetzliche Regelung beibehalten wird.

Innerhalb des Vorstandes erfolgt die Geschäftsverteilung in spezielle Ressorts (zum Beispiel Produktion, Vertrieb, Finanzwesen, Forschung und Entwicklung und so weiter).

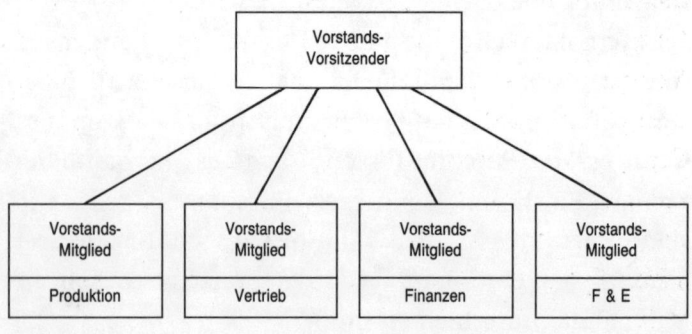

Diese Aufgabenstellung hat zum Ziel, das einzelne Vorstands-Mitglied von allen anderen Fachgebieten innerhalb der Geschäftsführung fernzuhalten; andererseits wird die Stellung jedes Vorstands-Mitgliedes innerhalb des Gesamt-Vorstands geschwächt, weil es in allen anderen Ressorts nicht tätig werden darf.

Nun müssen aber laut Gesetz alle Vorstands-Mitglieder an der Leitung beteiligt sein. Das heißt: wenn auch bei einer Ressortverteilung ein Vorstands-Mitglied nicht direkt in die Tätigkeit eines Kollegen eingreifen kann, so hat er dennoch die Möglichkeit, sich an den Gesamt-Vorstand zu wenden, wenn er den Eindruck gewinnt, daß sein Ressortkollege Maßnahmen ergreift, die für die Gesellschaft schädlich sind. Das bedeutet, im Klartext gesprochen: Jeder überwacht jeden.

Diese Art der Überwachung von Vorstandskollegen ist in einzelnen Gesellschaften noch verschärft worden; insofern nämlich, als dieses Interventionsrecht zu einem Widerspruchsrecht aufgewertet wurde: in der Form, daß die grundsätzlich der Einzelgeschäftsführung vorbehaltene Maßnahme zu unterbleiben hat, wenn irgendein Vorstands-Mitglied, ein bestimmtes Vorstands-Mitglied oder eine bestimmte Zahl von Vorstands-Mitgliedern widersprechen. Allerdings muß ein solches Widerspruchsrecht in der Satzung oder Geschäftsordnung ausdrücklich verankert sein. (Weitere Einzelheiten können dem „Handbuch des Aufsichtsrates", verlag moderne industrie, 1972, entnommen werden).

Der Gesetzgeber hat dafür gesorgt, daß ein einzelnes Vorstands-Mitglied nicht zu mächtig werden kann; er hat darüber hinaus noch eine zusätzliche Kontrollinstanz etabliert: den Aufsichtsrat (AR).

Hauptaufgabe des Aufsichtsrates ist es, die Geschäftsführung zu überwachen. Da die Geschäftsführung jedoch laut Gesetz allein dem Vorstand obliegt, ergibt sich daraus, daß der Aufsichtsrat als oberste Aufgabe die Überwachung der Geschäftsführung durch den Vorstand zu erfüllen hat. Hat der Vorstand die Geschäftsführung teilweise Angestellten überlassen, so ist auch die Tätigkeit dieser Angestellten vom Aufsichtsrat zu überwachen. Da der AR jedoch keinerlei Weisungsbefugnisse gegenüber Arbeitnehmern hat und auch nicht deren Vorgesetzter ist, kann er sich über irgendwelche Anstände nicht an die Angestellten direkt wenden, sondern sich nur mit dem Vorstand auseinandersetzen.

Der Aufsichtsrat muß also davon ausgehen, daß die Überwachung der Angestellten vom Vorstand ordnungsgemäß durchgeführt wird, und hat sich nur dann mit der Tätigkeit der Angestellten zu befassen, wenn besondere Vorkommnisse ihn hierzu veranlassen; oder wenn die allgemeine Prüfung der Geschäftsführung durch den Vorstand den Verdacht aufkommen läßt, daß die Überwachung der Tätigkeit von Angestellten vom Vorstand nicht ordnungsgemäß durchgeführt wird.

Wenn man, verehrte Leserinnen und Leser, überlegt, daß dieses Wischi-waschi-Gesetz dem Aufsichtsrat in der Praxis so gut wie keine Handhabe gegen einen Vorstand läßt, bis so ein „Schiff Aktiengesellschaft" gekentert ist, und wenn man weiterhin bedenkt, wie viele Unternehmen in den vergangenen Jahren durch Mismanagement zugrundegegangen beziehungsweise von Konkurrenten übernommen worden sind, wobei der Aufsichtsrat bis zuletzt völlig ahnungslos gewesen ist – dann kann man nur zu der Schlußfolgerung kommen, daß der Aufsichtsrat a priori eine „Scheinfirma" ist, allein geschaffen, die „dummen" Aktionäre an der Einsicht in die Geschäftsführung zu hindern. Und wenn man sich weiterhin vor Augen hält, was für Gestalten so einen Aufsichtsrat zuweilen bevölkern, fachlich völlig unqualifiziert, realiter oft Pfründeninhaber von politischen Parteien, die ihre Belohnung für jahrzehntelange Anpassung kassieren – dann kann schon Besorgnis über die Zukunft deutscher Aktiengesellschaften aufkommen. Seit dem Frühjahr 1989 sind die Fachzeitschriften voll vom Unwesen jener Finanzhaie, die „Takeover" betreiben – die Übernahme von Aktiengesellschaften durch stillschweigenden, gezielten Ankauf von Aktienpaketen. Deutsche Vorstände, oftmals überaltert, zu satt und träge, bunkern sich ein: durch Maßnahmen wie Vinkulierung, Höchststimmenrecht, Überkreuzungsverflechtung, Parken von Aktienpaketen, Golden Parachute und Crown Jewel Option. Es ist außerordentlich fraglich, ob diese Art von Vorständen mit diesen passiven Abwehrmaßnahmen den Verdrängungswettbewerb des Euromarktes ab 1992 überleben wird . . .

Es ist jedem Einsichtigen klar, daß, ganz allgemein gesagt, die Durchführung von Gesetzen von Menschen besorgt wird: von Menschen mit ihren Vorzügen und Schwächen; von Menschen, denen man ein ausgeprägtes Dominanzstreben nachsagen kann – sonst wären sie nicht in die Vorstandsebene aufgestiegen. Und jeder Kenner interner Vorgänge weiß, welche Machtkämpfe sich innerhalb von Vorständen abspielen.

Doch abgesehen von diesen individuellen menschlichen Problemen, die, nebenbei gesagt, während eines Betriebswirtschafts-Studiums nie angesprochen werden, spielen bei Entscheidungen auf Vorstandsebene auch noch andere Gesichtspunkte eine Rolle. Harold Leavitt hat dies in seinem ausgezeichneten Buch „Grundlagen der Führungspsychologie" (verlag moderne industrie) treffend umrissen:

Organisationen verhalten sich so ähnlich wie einzelne. Sie durchlaufen offensichtlich Prozesse des Aussuchens von Alternativen, suchen jedoch nur sehr wenig nach diesen Alternativen. Sie verhalten sich rational, aber in Grenzen.

. . . Denn die Organisation setzt sich aus vielen Gruppen und Einzelmenschen zusammen. Und jede getroffene Entscheidung wird den Zielen und Wünschen einer dieser Gruppen oder einem dieser Einzelmenschen mehr entgegenkommen als anderen. Und deshalb wird man sich die Entscheidung nicht nur aufgrund der Logik der Situation und der vorhandenen Alternativen überlegen, sondern auch unter Berücksichtigung von Macht und Gerechtigkeit. Die Wahl A könnte bedeuten, daß Abteilung X vergrößert und Abteilung Y reduziert wird; Wahl B, die von dem Vorstands-Mitglied Müller durchgedrückt wird, erscheint dem Vorstands-Mitglied Huber abscheulich. Und deshalb wird die Organisation, die sich nicht nur mit dem Problem eines zusätzlichen Produktes auseinanderzusetzen hat, sondern auch damit, daß sie nicht auseinanderfallen darf, wahrscheinlich die Entscheidung im Licht interner und externer Erwägungen treffen. Diese internen Erwägungen können bewußt und formell diskutiert werden oder nicht. Aber man wird sie beachten. So etwas wie eine „gerechte" Lösung wird gesucht werden; eine Lösung, die man vernünftigerweise als gerecht bezeichnen kann; eine Lösung, die die bestehende Machtstruktur nicht wesentlich gefährdet.

. . . Nehmen Sie einmal an, verschiedene Bereiche in Ihrer Organisation empfehlen verschiedene Produkte. Wir rufen eine Gruppe zusammmen, um eine Entscheidung zu treffen. Aber die Entscheidung wird eine Gruppe glücklich und eine andere Gruppe unglücklich machen; und die Organisation wird mit diesen Gruppen, nachdem die Entscheidung getroffen wurde, leben müssen. Und deshalb werden die „Entscheidungstreffer" vernünftigerweise nach Mitteln und Wegen suchen, um die nachteiligen Nebenwirkungen zu verringern. Niemand möchte, nachdem die Entscheidung getroffen ist, daß sich die andern ärgern.

Im allgemeinen scheint es so, als würden Organisationen zwei Methoden ausarbeiten, um dieses Dilemma lösen zu können. Eine ist die Methode des Messens. Wenn wir die Dinge mit Zahlen belegen, dann können wir Entscheidungen treffen, über die sich niemand aufregen wird. Wenn wir das Problem zur Formel reduzieren können, dann wird niemand behaupten, daß 2 und 2 nicht 4 ist.

Aber natürlich, mit vielen Problemen kann man das nicht machen. Und deshalb neigen Organisationen dazu, sie in diese Form zu zwängen, oder die Elemente, die meßbar sind, an den Anfang der Liste zu setzen. Vielmehr ist einer der Gründe, daß menschliche Probleme in Organisationen so oft übersehen werden, auf die Schwierigkeit zurückzuführen, menschliche Unzufriedenheit mit einem Kostenfaktor zu belegen.

Die zweite Methode der Organisation zum Problem der inneren Gerechtigkeit ist die „Viel-Gerede-um-Nichts-Lösung". Niemand muß sich als der „Entscheider" exponieren. Das Problem wird herumgestoßen, zerredet, zerschrieben, man läßt sich Zeit. Und schließlich „taucht" die Lösung auf. Niemand hat jemals genau gesagt, daß er dieses oder jenes tun möchte. Schließlich ist es klar, daß das neue Gebäude gebaut oder das alte Produkt modernisiert wird, aber niemand kann genau sagen, wer die Entscheidung getroffen hat, oder kennt die genauen Alternativen, die in Betracht gezogen wurden.

Soweit Harold Leavitt. Wir sehen also, auch Organisationen agieren letztlich ganz „menschlich" – das heißt aber: Die Vernunft im Sinne eines kalten Kalküls spielt eine viel geringere Rolle, als die meisten Manager und Mitarbeiter wissen oder wahrhaben wollen. Es ist deshalb nunmehr an der Zeit, im Rahmen unserer gesamten Abhandlung das Problem der Entscheidungsfindung unter verschiedenen Gesichtspunkten aufzuhellen – womit wir beim Kernproblem dieser Arbeit angelangt sind.

5. Kapitel:
Der Wunschtraum der Kollektiventscheidung

5.1 Die Basis-Lüge des Herrn Marx:
Die Pariser Kommune

Als Muster einer idealen Kommune und als Vorbild für die Forderungen nach Räten wird von unseren ,,Linken'' immer die Pariser Kommune herangezogen. Wir wollen deshalb einmal feststellen, was damals, das heißt zwischen dem 18. März und dem 28. Mai 1871, in Paris tatsächlich passierte. Nämlich folgendes:

Nach dem Aufstand vom 18. März 1871 wurde am 26. März in Paris ein ,,Rat der Kommune'' auf der Grundlage des allgemeinen, gleichen, geheimen Wahlrechts gewählt. Der Rat der Kommune bestand aus 85 Abgeordneten, davon 21 Gegner und 64 Anhänger einer sozialistischen Entwicklung. Unter den 85 Abgeordneten waren 30 Arbeiter.

Der Rat der Pariser Kommune ersetzte das Heer durch eine Nationalgarde und setzte zehn Kommissionen ein, die dem Rat der Kommune Rechenschaft über ihre Tätigkeit ablegten. Die Kommune vereinigte die gesetzgebende und die vollziehende Gewalt. Die Abgeordneten und alle Staatsangestellten erhielten ein Gehalt, das dem Durchschnittslohn eines Arbeiters entsprach. Alle Unternehmen, deren Besitzer aus Paris geflohen waren, wurden Arbeiterräten übergeben. Die früher üblichen Strafen für Arbeiter wurden abgeschafft; den Armen wurden die in den Pfandhäusern versetzten Gegenstände zurückgegeben; die Wohnungsmieten wurden gestundet und Arbeiterfamilien, die in schlechten Wohnungen oder Kellern wohnten, in die Häuser der geflohenen Reichen umgesiedelt. Außerdem führte die Kommune den kostenlosen obligatorischen Schulbesuch ein und erhöhte die Gehälter der Lehrer. Schon nach wenigen Wochen, am 28. Mai 1871 brach die Kommune durch Angriffe der weit überlegenen gegenrevolutionären Truppen zusammen.

Soweit die Fakten über dieses lokale 8-Wochen-Ereignis, aus dem allein wegen der Kürze der Zeit und der Art seines zufälligen Entstehens in einer kriegsbedingten Ausnahmesituation überhaupt keine Erkenntnisse gezogen werden können.

Marx hat nun – in Ermangelung eines anderen historischen Beispiels – 27 Jahre später in demagogischer Absicht die kurzlebige Tat der Pariser Kommune zu einem Ereignis von weltbefreiender Tragweite hochstilisiert. In einem seiner Entwürfe zum ,,Bürgerkrieg in Frankreich'' begründete er den Mythos von der Pariser Kommune wie folgt:

. . . die Kommune war nicht eine Revolution gegen diese oder jene – legitimistische, konstitutionelle, republikanische oder kaiserliche – Form der Staatsmacht. Die Kommune war eine Revolution gegen den

Staat selbst, gegen diese übernatürliche Fehlgeburt der Gesellschaft; sie war eine Wiederbelebung durch das Volk und des eigenen gesellschaftlichen Lebens des Volkes. Sie war nicht eine Revolution, um die Staatsmacht von einer Fraktion der herrschenden Klasse an die andere zu übertragen, sondern eine Revolution, um diese abscheuliche Maschine der Klassenherrschaft selbst zu zerbrechen.

Mittlerweile haben sich Theoretiker jeglicher Provenienz mit dieser Pariser Kommune und dem Rätesystem beschäftigt. Aus den Ergebnissen dieser Studien seien einige wenige Punkte herausgegriffen. Es gibt drei Typen von Räten:

1. Räte als *Kampforgane,* das heißt bewaffnete Gruppen während einer Revolution.
2. Räte als *Interessenvertretungen* (zum Beispiel Betriebsräte).
3. Räte als *Lenkungsorgane* des politischen Gemeinwesens (zum Beispiel in der Pariser Kommune).

Vor allem der dritte Typus, Räte als Lenkungsorgane, hat Linke jeder Richtung bis heute begeistert und zu praktizierten Modellen im kleinen Rahmen angeregt, zum Beispiel in der Hamburger ,,Hafenstraße''. Hier wie auch in anderen Häuserbesetzungsszenen der ehemaligen Bundesrepublik, vor allem in Westberlin, haben regional begrenzte Aktionen, die von räteähnlichen Führungskadern gelenkt und motiviert worden sind, durchaus erfolgreich gearbeitet und ihre Forderungen gegenüber der Verwaltung durchgesetzt. Allerdings durch zwei Faktoren begünstigt:

○ Die Sprecher der Verwaltung waren schwache Persönlichkeiten und konnten sich gegenüber den hoch motivierten und aggressiven Besetzern nicht durchsetzen;

○ die Verwaltung fühlte sich moralisch im Unrecht, weil schon ewig leerstehende Häuser, teilweise im Besitz der Stadt, nicht freigegeben wurden − und weil ein Teil der Bevölkerung offenkundig auf Seiten der Hausbesetzer stand.

Wenn wir versuchen, der „Schubkraft" des Räte-Phänomens an sich auf die Spur zu kommen, müssen wir der Entstehung und dem Verhalten von Räten einmal nachgehen.

Zunächst darf festgestellt werden, daß Räte als Kampforgane revolutionärer Bewegungen immer dann auftreten, wenn die überkommenen Parteien und Gewerkschaften versagen. Die Tatsache, daß alle Führungspositionen durch Wahl besetzt und daß alle führenden Funktionäre jederzeit wieder abgewählt werden können, wird als „konsequente Demokratie" stets lobend hervorgehoben; und diese konsequente Demokratie befähigt die Räte angeblich auch zu einem steten, engen Kontakt mit den revolutionären Massen. (Unsere „Grünen", zwar kein revolutionärer Haufen, sind mit ihren Versuchen einer Art „konsequenter Demokratie" kläglich gescheitert und haben sich in den Parlamenten, in denen sie vertreten waren, lächerlich gemacht).

Nun gibt es die von Robert Michel geprägte Metapher vom „ehernen Gesetz der Oligarchiebildung" (die auch auf unsere „Grünen" zutrifft). Das bedeutet in praxi: Jede Institution oder Organisation, wie beispielsweise Parteien oder Gewerkschaften, weist die Tendenz zur Bürokratisierung auf. Nun wird von den Verfechtern des Rätesystems ganz einfach behauptet, daß sich diese Bürokratisierungstendenzen in Rätebewegungen nicht so leicht und dauerhaft durchsetzen könnten wie in anderen Organisationsformen − wofür bis heute jeglicher Beweis fehlt. *Fazit:* Es ist erwiesen,

1. daß bisher alle in Form des Rätesystems organisierten Aufstandsbewegungen nicht in der Lage waren, einen harten Aktionskern zu schaffen, der alleine eine einheitliche Willensbildung verbürgt − und deshalb gescheitert sind;

2. daß unsere Gesellschaft, deren System manche Leute gerne „grundlegend", das heißt revolutionär, verändern möchten, wegen der Komplexität ihrer Aufgaben eine starke Bürokratie haben muß; und daß deshalb von wirklich intelligenten Theoretikern der Linken längst erkannt und formuliert wurde: „Das Grundgesetz revolutionärer Machtbehauptung heißt: moderne Revolutionen gelingen nur, wenn sie die Verwaltung erobern!" Erobern − nicht erst einmal zerschlagen!

3. daß schon Engels 1885 die Erkenntnis formulierte: „Die Leute, die sich rühmen, eine Revolution gemacht zu haben, haben noch immer am Tag darauf gesehen, daß sie nicht wußten, was sie taten; daß die gemachte Revolution jener, die sie machen wollten, durchaus nicht ähnlich sah. Hegel nennt das die Ironie der Geschichte − eine Ironie, der wenige historische Persönlichkeiten entgehen."

Um nur ein einziges aktuelles Beispiel dafür zu nennen: Gorbatschow war angetreten, das Sowjetsystem zu ändern; was ist dabei herausgekommen? Die Zerstörung der UdSSR! Das hat er mit Sicherheit nicht gewollt. Und so ist er zu einer tragischen Figur der Geschichte geworden. . .

Aus den angeführten Fakten ergibt sich: Räteorganisationen, die sich nicht auf eine große revolutionäre Massenbewegung stützen können, bedürfen unbedingt der beherrschenden Initiative und Macht einer straff organisierten revolutionären Partei, wie es beispielsweise die Partei der Bolschewiki gewesen war.

Das ist der Grund, warum sich seinerzeit jene Teile unserer in der KPD organisierten Linken, die bei jeder Gelegenheit ihren anachronistischen Slogan „Alle Macht den Räten" auf Transparenten durch die Straßen trugen, offiziell der Kommunistischen Partei angeschlossen haben. Ohne diese massive, aus dem Osten finanzierte Rückendeckung wären sie nicht in der Lage gewesen, auch nur einen einzigen Demonstranten auf die

Beine zu stellen. Das galt übrigens genauso für die jungen „Linken" aller übrigen Parteien, die sich allesamt ihre (damals noch) aufmüpfigen Demonstrationen von jener Partei finanzieren ließen, der sie dann größtmögliche Schwierigkeiten bereiteten. Symptomatisch für dieses Verhalten war die Aussage von Heidi Wieczorek-Zeul, Bundesvorsitzende der Jungsozialisten, anläßlich der Sympathiekundgebung bei der Abdankung Willy Brandts auf dem Bonner Marktplatz, die in schwer verständlicher Rhetorik erklärte, die Jusos treffe keine Schuld an der Abdankung des Kanzlers; trotzdem hätte sie sich bei dieser Nachricht „betroffen" gefühlt.

Bereits 1920 war kritischen linken Denkern klar: Arbeiterräte darf man nur bei Vorhandensein von folgenden drei Bedingungen organisieren:

1. eines revolutionären Massenaufstiegs unter den breiten Kreisen der Arbeiter und Arbeiterinnen, der Soldaten und der werktätigen Bevölkerung überhaupt;

2. einer derartigen Verschärfung der wirtschaftlichen und politischen Krise, daß die Macht den Händen der früheren Regierung zu entgleiten beginnt;

3. wenn in den Reihen zahlenmäßig bedeutender Arbeiterschichten die ernste Bereitschaft ausgereift ist, einen entschiedenen systematischen und planmäßigen Kampf um die Macht zu beginnen.

Es ist ohne weiteres ersichtlich, daß keine dieser Voraussetzungen für die Bundesrepublik jemals zutraf −

am allerwenigsten die dritte, die meines Erachtens die wichtigste ist.

Übrigens erinnern diese Postulate an jene Prämissen, die einige Jahre später Mao Tse-tung für das erfolgreiche Wirken von Guerillas gefordert hatte:

1. Guerillas müssen in einem günstigen Gelände operieren können;

2. Sie müssen die Unterstützung der Bevölkerung haben;

3. Sie müssen die Sympathie der Weltöffentlichkeit besitzen.

An der Mißachtung dieser − ihm zweifelsohne bekannten − Forderungen ist Che Guevara gescheitert. Er ist also − kraß formuliert − wider besseres Wissen vorzeitig gestorben.

5.2 Das skandinavische Modell der selbststeuernden Gruppen

Wir wollen uns nun mit einem weiteren Modell beschäftigen, das von Systemkritikern häufig als beispielhaft und nachahmenswert herausgestellt wird. Ich meine das sogenannte „Skandinavische Modell der selbststeuernden Gruppen".

Bereits die Begründung für die Einführung eines derartigen Modells arbeitet mit einer Unterstellung, die von allen Marx-Epigonen seit Jahrzehnten beharrlich wiederholt wird. Nachdem von unseren Linken allgemein beklagt wird, daß selbst das Betriebsverfassungsgesetz von 1972 den einzelnen Arbeitnehmern nicht erlaubt, Einfluß auf Entscheidungen nehmen zu können, welche die eigene Arbeit oder den Arbeitsplatz betreffen, wird weiter argumentiert: Das daraus resultierende Gefühl der Machtlosigkeit und Fremdsteuerung steht im Widerspruch zu den Prinzipien einer demokratischen Gesellschaft, die den Menschen als selbständiges und verantwortungsbewußtes Individuum betrachtet, welches gewillt und gewohnt ist, sich seine Lebensbedingungen selbst zu gestalten. Diesen Widerspruch zu überwinden, ist das Ziel der Mitbestimmung am Arbeitsplatz, welche für den einzelnen Arbeitnehmer eine zumindest ebenso wichtige Seite der Betriebsdemokratie wie der Grad der Mitwirkung in der Unternehmensleitung darstelle.

Bei dieser Art von ideologisierter „Argumentation" ist in der Tat eine Unterstellung an die andere gereiht. . . Wie Psychologen, Soziologen und Betriebspraktiker bestätigen werden, ist es falsch zu behaupten, daß

○ der Arbeitnehmer gewillt und gewohnt sei, seine Lebensbedingungen selbst zu gestalten;

○ der Arbeitnehmer von einem Gefühl der Machtlosigkeit und Fremdsteuerung beherrscht wird; vielmehr wird seit Jahrzehnten von Marxisten aller Schattierungen versucht, ihm dies einzureden;

○ der Arbeitnehmer willens und bereit sei, Entscheidungen zu treffen und die Verantwortung dafür zu übernehmen; das Problem aller Betriebe, die ihren Führungsnachwuchs aus den eigenen Reihen rekrutieren möchten, besteht gerade darin, daß man entscheidungsfreudige Mitarbeiter suchen muß wie die berühmte Stecknadel im Heuhaufen.

Doch wollen wir zunächst einmal feststellen, worum es sich bei diesem Skandinavischen Experiment handelt, das so gerne zitiert wird.

In einem Zweigwerk der norwegischen Nobö AG in Hommelvik, in dem elektrische Heizkörper hergestellt werden, wurde eine Abteilung mit 27 Mitarbeitern als Versuchsabteilung für das neue Modell ausgewählt. Die Abteilung wurde in drei Gruppen von acht bis zehn Mann aufgegliedert, wie dies dem Produktionsprozeß in drei Stufen entsprach. Kontrollgruppen wurden nicht eingerichtet.

Das ganze Experiment begann unter außergewöhnlich günstigen Voraussetzungen, weil nämlich

○ schon vor der Einführung des Versuches mit den selbststeuernden Gruppen mit einer sehr dezentralisierten Organisation ohne Zwischenvorgesetzte gearbeitet wurde; das heißt, zwischen dem Betriebsleiter und den Meistern der operativen Ebene gab es keine weiteren Hierarchieebenen; die Leute waren also schon viel mehr an selbständiges Arbeiten gewöhnt, als dies normalerweise der Fall ist;

○ der örtliche Arbeitsmarkt zu jener Zeit sehr ergiebig war; das heißt, wer kündigte, hatte nur geringe Aussichten, anderswo einen neuen Arbeitsplatz zu finden; das erhöhte natürlich die Bereitwilligkeit, an derartigen Experimenten teilzunehmen.

Der Versuch wurde wie folgt durchgeführt:

1. Jede Gruppe hatte 8 bis 10 Mitarbeiter (nur Männer).

2. Alle Mitarbeiter bekamen die Möglichkeit, sich auf freiwilliger Basis ausbilden zu lassen, so daß sie in der Lage waren, mehrere verschiedene Arbeitsaufgaben auszuführen.

3. Auf der Grundlage dieser Ausbildung begann die Einführung von selbstgesteuerter Jobrotation; das heißt, die Arbeiter konnten bestimmen, welche Aufgaben sie ausführen wollten.

4. Jede Gruppe arbeitete ohne direkten Vorgesetzten.

5. In jeder Gruppe wurde für die Dauer von einem Jahr eine sogenannte Kontaktperson gewählt. Sie war für die Koordination der Mitarbeiter beim Wechsel der Arbeitsaufgaben verantwortlich, was gleichbedeutend war mit einer Kommunikations- und Mittlerrolle, sowohl innerhalb einer Gruppe als auch zwischen den Gruppen.

6. Es war den Mitarbeitern erlaubt, auch in einer anderen Gruppe zu arbeiten. Die Initiative zum Stellenwechsel innerhalb dieser drei Gruppen konnte beim einzelnen, aber auch bei der Gruppe liegen.

7. An jedem Morgen wurde ein sogenanntes Planungstreffen durchgeführt, an dem alle Gruppenmitglieder teilnahmen. Bei diesem Treffen wurde von der Kontaktperson in Zusammenarbeit mit anderen Gruppenmitgliedern die Zahl der an diesem Tag zu produzierenden Einheiten festgelegt.

8. Als Grundlage für die Festsetzung des täglichen Produktionszieles dienten:

8.1 die von der Unternehmensleitung in Trondheim vorgegebenen Sollzahlen für das Geschäftsjahr;

8.2 die Zahl der anwesenden Mitarbeiter;

8.3 das Feedback der bisherigen Produktionsresultate;

8.4 Planungshilfsmittel in Form von Tabellen, aus denen ersichtlich war, welche Mitarbeiter welche Aufgaben beherrschten;

8.5 Tabellen über den Zusammenhang von Produktionsmengen, Vorgabezeiten und Akkordzuschlägen;

8.6 Entscheidung darüber, welchen Akkordzuschlag man erreichen wolle.

9. Während des Planungstreffens wurde auch über die jeweils erforderlichen Überstunden entschieden.

10. Die Kontaktperson, die jederzeit − also auch vor Ablauf des Jahres − abwählbar war, übernahm jeden Morgen die Übermittlung aller Informationen, die die Gruppe und ihre Arbeit betrafen.

11. Die Verantwortung der Gruppe gegenüber ihrem Betriebsleiter wurde wie folgt festgelegt:

11.1 der Betriebsleiter übernahm die Verantwortung für die Grenzbedingungen der Gruppe, also zum Beispiel für die Versorgung mit Werkstoffen;

11.2 die Arbeitsgruppen waren für die Koordination der Aufgaben sowie für die Kontrolle innerhalb einer und zwischen den Gruppen verantwortlich.

12. Der bisher zum individuellen Grundlohn gewährte Akkordzuschlag wurde in einen Gruppenbonus umgewandelt, der nach der Gesamtzahl der produzierten Heizöfen pro Stunde berechnet wurde.

13. Da die Mitarbeiter bei der Durchführung des Experiments keinen finanziellen Schaden erleiden sollten, wurde in der Einführungsphase eine Akkordgarantie von 55 % Zuschlag zum Grundlohn gewährt.

Ohne auf weitere Einzelheiten des Versuchsablaufs einzugehen, sei sogleich das Ergebnis des Experiments nach 30 Wochen vermittelt:

Die Anzahl der durchschnittlich produzierten Heizöfen pro Arbeiter und Stunde stieg von 1,60 auf 1,96 — das ist eine Produktivitätssteigerung von 20 %.

Der durchschnittliche Gesamtverdienst eines Mitarbeiters stieg in diesem Zeitraum um 11 %.

Bei einer Nachuntersuchung wurden die am Experiment beteiligten Mitarbeiter nach ihrer Meinung zum neuen Modell befragt. 98 % beurteilten es positiv, wobei im einzelnen folgende Voten abgegeben wurden:

33 % meinten, die Freiheit bei der Arbeit sei größer;

21 % meinten, die Arbeit hätte jetzt mehr Inhalt;

17 % meinten, sie hätten jetzt ein besseres Verhältnis zu den Kollegen;

22 % meinten, die Arbeit verlaufe jetzt insgesamt besser, gaben aber keine speziellen Gründe für ihre Meinung an;

5 % hoben hervor, daß sie jetzt mehr verdienten;

2 % beurteilten die Arbeit nach dem neuen Modell als insgesamt schlechter.

Es ist klar, daß dieses Ergebnis im ersten Moment bestechend wirkt. Doch müssen sofort Zweifel an der allgemeinen Durchführbarkeit auftauchen, wenn man die idealen Bedingungen dieser Versuchsgruppen mit der rauhen Wirklichkeit unseres industriellen Alltags vergleicht.

Doch wollen wir zunächst einmal die Theoretiker zu Wort kommen lassen.

Der Terminus ,,selbststeuernde Gruppe" (von anderen Autoren ,,autonome Gruppe" genannt) stammt von den Erfindern dieses Modells, dem Norweger Einar Thorsrud und dem Engländer Fred Emery, der dem bekannten Tavistock Institut angehört. Dieses Modell impliziert die Forderung, die Verantwortung für eine Arbeit und die Kontrolle dieser Arbeit soweit wie möglich nach unten zu delegieren — nämlich zu jenen Mitarbeitern der „operativen Ebene", die direkt mit der Ausführung dieser Arbeit betraut sind.

5.3 Prämissen für die Arbeit selbststeuernder Gruppen

Nun haben sich auch andere, will sagen „nicht-linke" Theoretiker mit dem Problem der selbststeuernden Gruppen beschäftigt und einen Katalog von Prämissen erarbeitet, die als Voraussetzungen für die erfolgreiche Arbeit einer derartigen Gruppe erfüllt sein müssen. Zum Beispiel:

○ eine derartige Gruppe sollte maximal 12 Personen umfassen;

○ es muß eine face-to-face-Gruppe sein, das heißt, die Mitarbeiter müssen einen ständigen persönlichen Kontakt haben und dürfen nicht in mehrere Räume aufgeteilt sein;

○ die Gruppenmitglieder müssen kooperationswillig sein;

○ die Qualität der Gruppenmitglieder, in menschlicher wie fachlicher Hinsicht, muß relativ hoch sein;

○ die Harmonie der Gruppe erfordert eine zielorientierte Zusammensetzung hinsichtlich Alter, Geschlecht und Persönlichkeitstyp;

○ Menschen, die sich bekanntermaßen nicht zur Zusammenarbeit in Gruppen eignen, zum Beispiel ausgesprochene Individualisten, Introvertierte oder Menschen mit ausgeprägtem Dominanzstreben, dürfen nicht in eine selbststeuernde Gruppe aufgenommen werden;

○ je höher das Entscheidungsniveau ist, desto problematischer wird das ,,Skandinavische Modell''; in der Praxis sind Versuche auf höherer Ebene der Firmenhierarchie überhaupt noch nicht durchgeführt worden;

○ bei der Zusammenstellung einer selbststeuernden Gruppe ist a priori nie abzusehen, welche gruppendynamischen Interaktionen ablaufen und wie sie das Gefüge der Gruppe beeinflussen werden.

So weit, so gut. . . Wer sich von meinen Lesern detailliert über die Spielregeln der Teamarbeit informieren will, der schlage in meinem ,,Chefbrevier'' nach.

Abschließend darf ich feststellen: Das ,,Skandinavische Modell'' war eine Luftblase, es ist sang- und klanglos gestorben. Die Tatsache, daß immer wieder ,,linke'' Theoretiker versuchen, dieses Modell hochzujubeln, entspricht genau dem Vorgehen von Karl Marx am Beispiel der Pariser Kommune. Der hat auch ein ,,totgeborenes Kind'' verwendet, um zu beweisen, was nicht zu beweisen war.

6. Kapitel:
Versuche mit selbststeuernden Gruppen in der Bundesrepublik

6.1 Das „POKO-Konzept"

Es hat in der Bundesrepublik nicht an Versuchen gefehlt, den Mitarbeitern mehr Mitbestimmung einzuräumen. Etliche dieser Versuche liefen in Richtung „selbststeuernde Gruppen". Einer der bekanntesten und lehrreichsten Fälle ist die Geschichte der „Studiengruppe für politische Psychologie und Kommunikationsforschung (POKO)".

Dieses Institut wurde 1963 von dem Münchner Diplom-Psychologen Georg Sieber und einem Freundeskreis gegründet. Die Gruppe beriet Unternehmen, Behörden, Krankenhäuser und längere Zeit auch die Münchner Polizei. Man lebte spartanisch, stellte nach und nach weitere Mitarbeiter ein und eröffnete insgesamt drei Filialen im Bundesgebiet. 1968 hatte die Münchner Gruppe mit 15 Mitarbeitern einen Jahresumsatz von DM 400 000, – erreicht und ein Auftragspolster für zwei Jahre. Durch einen Auftrag über „Innerbetriebliche Mitbestimmung" kam Sieber auf die Idee, die POKO als Studienmodell zu einer „selbststeuernden Gruppe" umzufunktionieren, wobei er als bisheriger Chef und Firmengründen nicht mehr oder weniger zu sagen hatte als alle anderen. Die Gruppe verstand sich vom Frühjahr 1968 ab als ein „lernendes und sich selbst regulierendes System" und verzichtete auf hierarchische Über- oder Unterordnung. Über Annahme eines Auftrages oder über notwendige Investitionen konnte jeder Mitarbeiter mitentscheiden. Die Mitarbeiter wurden auch nicht nach dem Marktwert ihrer Arbeitskraft, sondern nach geleisteten Arbeitsstunden bezahlt; darüber führten sie selbst Buch und gingen gleich zum Buchhalter, um sich das errechnete Honorar abzuholen. Langfristige Projekte wurden auf diese Weise durch vorläufige Abrechnungen in monatliche Honorarzahlungen umgelegt.

Der Buchhalter, der gewissermaßen die Funktion des Finanzchefs bekleidete, war eine der problematischen Figuren im Unternehmen. Er war mit seinen Buchungen monatelang im Rückstand, was aber niemandem auffiel. Bis ein Finanzkundiger auf der Bildfläche erschien und die steuerlichen Folgen solcher Großzügigkeit erläuterte. Die angedrohte Gefahr erheblicher Steuerstrafen ließ die Mitarbeiter kalt. „Soll das Finanzamt doch gegen uns 15 klagen!" meinten sie lakonisch, als Sieber ihnen die Hiobsbotschaft überbrachte.

Wie für jeden Kenner gruppendynamischer Prozesse zu erwarten war, brachen unter den offiziell Gleichberechtigten dramatische Führungskämpfe aus, die sich — wie üblich — in Diskussionen über das einzuschlagende Verfahren niederschlugen. Als ein Auftraggeber, der bereits Zehntausende DM als Honorarabschläge bezahlt hatte, nach sechs Monaten wenigstens erste Teilergebnisse sehen wollte, mußte die für diesen Auftrag zuständige Projektgruppe passen; sie gab zu, in diesen sechs Monaten lediglich Vorstellungen erarbeitet zu haben, die festlegten, wer künftig was tun sollte, um den Auftrag abzuwickeln. Überhaupt entwickelte sich der ganze Betrieb zu einem regelrechten Debattierclub. So wies ein Mitarbeiter Herrn Sieber nach, daß er im Jahre 1970 800 Stunden diskutiert hatte — das sind rund vier Stunden pro Arbeitstag —, die er bezahlt haben wollte.

Überhaupt beschäftigten sich die Akademiker der POKO-Gruppe am liebsten mit der Frage, wie sie für sich persönlich den größtmöglichen Nutzen aus ihrer unternehmerischen Freiheit ziehen könnten. So wurde beispielsweise tagelang darüber diskutiert, ob ein dem Betrieb gehörendes Auto wirklich nötig sei oder ob man es nicht lieber verkaufen und den Erlös unter sich aufteilen solle. Auch die Abrechnung der tatsächlich geleisteten Arbeitsstunden wurde von den Mitarbeitern sehr großzügig gehandhabt: einzelne errechneten sich bis zu 800,— DM pro Stunde — und holten sie gleich beim Buchhalter ab!

Die Diskussionsfreude an Verfahrensfragen nahm schließlich so zu, daß eine ,,POKO-Leistungsordnung für wissenschaftliche Arbeiten'' erstellt werden mußte. Wenn eine Projektgruppe die dem Auftraggeber zugesicherten Termine nicht einhielt oder in Details nicht zufriedenstellend arbeitete, wurde die Leistungsordnung als Checkliste benützt. Für nachgewiesene Minderleistungen sollten den betroffenen Mitarbeitern Löhne abgezogen werden; eine rein rhetorische Maßnahme übrigens, da sich die Mitarbeiter das Geld ja längst als Vorschuß hatten ausbezahlen lassen und Rückzahlungen durch Debatten blockierten.

Dabei wurde während der rund vierjährigen Laufzeit des Experiments versucht, in 14tägigen Schulungskursen zweimal pro Jahr unternehmerisches Denken zu vermitteln. Anläßlich der 6. Schulung wurde auch das „POKO-Konzept" erarbeitet, aus dem ich hier die wesentlichen Partien zitiere:

Theoretische Basis des Experiments:

Die Gruppe versteht sich als „lernendes und sich selbst regulierendes System" innerhalb der Gesamtwirtschaft der BRD. Die POKO ist mit diesem Angebot vor allem deshalb konkurrenz- und marktfähig, weil sie selbst nicht Abbild des Systems ist und die Methoden der Gewinnmaximierung nicht anwendet. Gegenstand der wirtschaftlichen Betätigung der Gruppe ist nämlich nicht die Bewegung vorhandenen Kapitals, sondern die konkrete Anwendung wissenschaftlich-schöpferischer Konstruktionen.

Der wirtschaftliche Gegenwert für diese Konstruktion steht daher allen Mitarbeitern der POKO in Gestalt von Betriebsmitteln und Lohn zur Verfügung. Sie werden daher nicht nach Marktwert ihrer Arbeitskraft, sondern nach ihrem zeitlichen Anteil an der Schaffung des Nutzens bezahlt.

Alle Informationen über die Leistungsbedingungen stehen den POKO-Mitarbeitern vollständig zur Verfügung. Das Informationsrecht ist uneingeschränkt.

Als gemeinsames übergeordnetes Ziel verfolgen die Mitarbeiter die wirtschaftliche, funktionale und unternehmenspolitische Erhaltung der Institutsgesamtheit. Alle anderen Ziele sind untergeordnet.

Aus dieser Übereinstimmung in der Zielsetzung folgt, daß alle Mitarbeiter gleiche Rechte besitzen. Eine Über- oder Unterordnung ist überflüssig. Schlüssiges Verhalten regelt den Arbeitsablauf. Streit wird durch die Niederlassungsversammlung geschlichtet.

,,Rot, teurer Freund, ist alle Theorie!'' möchte man in Abwandlung des Mephistopheles-Ausspruchs beim Lesen dieser Firmenkonzeption ausrufen. Ein schönes, idealistisches Rot, zugegeben — aber in welcher Welt leben wir eigentlich? Auf dieser Erde ist kein Platz für Träume; weil der Mensch, wie er nun einmal angelegt ist, durch Illusionen nicht zu leiten ist. Sein Egoismus einerseits und sein Desinteresse andererseits, wenn es um das Wohl der Gemeinschaft geht, verhindern die Realisierung derartiger Traum-Modelle!

Erstaunlich am POKO-Experiment ist, daß die Teilnehmer an dieser ,,selbststeuernden Gruppe'' überwiegend Akademiker waren, und zwar in erster Linie Psychologen! Menschen also, die ihr Leben auf das Studium der Persönlichkeitsstruktur und der zwischenmenschlichen Beziehungen ausgerichtet haben. Sie haben in dieser Gruppe alle Fehler gemacht, die überhaupt gemacht werden können – in Reinkultur, gewissermaßen. Wie kann man da von Arbeitern mit Grundschulbildung oder von relativ ungebildeten Facharbeitern der operativen Ebene erwarten, daß sie in autonomen Gruppen besser arbeiten als die Akademiker der POKO-Gruppe? Allein dieses eine gescheiterte Experiment beweist meines Erachtens zur Genüge, daß die Forderungen nach so weitgehender Mitbestimmung am Arbeitsplatz illusionär sind!

Symptomatisch ist außerdem die Verantwortlichkeit der einzelnen gegenüber dem Kollektiv, die in der POKO-Gruppe zum Vorschein kam. Mitbestimmen heißt auch mitverantworten! Als das Unternehmen schließlich in eine Liquiditätskrise geriet – Ende 1971 waren 100 000,– DM ungedeckte Bankschulden aufgelaufen – und die Bank sich an Georg Sieber als Gründer der Firma wandte, rief Sieber die Gruppe zusammen und verlangte von den Mitarbeitern Schecks, um die Bankschulden abzudecken. Da stob der ganze Haufen auseinander wie aufgeschreckte Hühner – womit das POKO-Experiment beendet war! Geblieben war eine Folge von Prozessen, in denen Sieber versuchte, wenigstens einen Teil der Honorare wieder zurückzubekommen, die sich seine früheren Mitarbeiter so großzügig genehmigt hatten – ohne die entsprechende Gegenleistung zu erbringen!

Im Frühjahr 1972 hat Sieber auf ,,autoritär" umgeschaltet. Einige der jüngeren Mitarbeiter hat er auf Gehaltsbasis übernommen. Seitdem schafft er wieder an, was und wie es getan wird – und der Betrieb funktioniert! Die POKO ist aus den roten Zahlen, hat ein befriedigendes Auftragspolster und entwickelt sich stetig aufwärts. Sieber selbst faßt die Erfahrungen aus diesem Experiment – übrigens ohne Bitterkeit – wie folgt zusammen:

Es waren für mich harte vier Jahre. Sicher wurden großartige Ergebnisse erarbeitet – jedoch geschah dies in einer selbstmörderischen wirtschaftlichen Weise. Die Gründe habe ich so zusammengefaßt:

1. Die freie Marktwirtschaft beruht auf Angebot und Nachfrage. Die meisten innerbetrieblichen Mitbestimmungsmodelle beruhen auf der Vorstellung, dieses Prinzip müsse auch im Mikromodell funktionieren.

2. Die Bundesrepublik Deutschland ist eine parlamentarische Demokratie.
   Die meisten innerbetrieblichen Mitbestimmungsmodelle beruhen auf der Vorstellung, dieses Prinzip lasse sich auch auf die Entscheidungsfindung im Unternehmen anwenden.

3. In irgendeiner Form versuchen alle innerbetrieblichen Mitbestimmungsexperimente, die Prinzipien der Marktwirtschaft mit denen der parlamentarischen Demokratie zu verbinden. Offensichtlich ist die Kombination beider Prinzipien in einem Unternehmen nicht realisierbar.
   Die Experimente scheitern:

○ weil Wettbewerb auf der einen Seite mehrere Bewerber um einen Besitz, ein Privileg, um irgendeinen Vorteil voraussetzt – auf der anderen Seite jedoch eine Instanz, die (gegen entsprechende Leistung) diesen erstrebten Vorteil gewährt; innerbetriebliche Mitbestimmung führt zur Schwächung und endlich zur Auflösung dieser Instanz; das Wettbewerbsverhalten der Mitarbeiter wird richtungslos; die Leistungsnormen entwickeln sich individuell, das heißt gemäß der individuellen Persönlichkeitsstruktur; manche verkommen ohne konkrete Zielvorgabe und entsprechende Kontrolle; die Kooperation löst sich auf;

○ weil parlamentarische, demokratische Entscheidungsmethoden voraussetzen, daß die Beteiligten sich auf eine Verfassung und auf die Trennung von Legislative und Exekutive geeinigt haben und sich darüber hinaus mit dem Entscheidungsbereich existenziell identifizieren; innerbetriebliche Mitbestimmung kann zwar auf einer Verfassung beruhen und die Gewaltenteilung berücksichtigen; eine Identifikation mit dem Entscheidungsbereich ist jedoch allenfalls partiell möglich; die Eigeninteressen der Mehrheit sind durch den Privatbereich gesteuert; die Entscheidungen im Betrieb bleiben deshalb überwiegend außengesteuert.''

Soweit Diplom-Psychologe Georg Sieber. Er betrachtet die vierjährigen Erfahrungen mit seiner ,,selbststeuernden POKO-Gruppe'' als einen wertvollen Fundus für seine weitere Beratertätigkeit. „Wertvoll" in zweifacher Hinsicht: weil er diese Erfahrungen nicht ganz aus der eigenen Tasche bezahlen mußte und weil er sich mit den neuen Erkenntnissen als dynamischer Typ rasch wieder „an den eigenen Haaren aus dem Sumpf ziehen" konnte. Andererseits sind Siebers Erfahrungen natürlich für all jene Kunden außerordentlich wertvoll, die sich mit Plänen der innerbetrieblichen Demokratisierung tragen. Sieber weiß, wo die neuralgischen Punkte in einem derartigen System sind; ja, mehr noch: er weiß, was machbar ist und was nicht.

An ähnlichen Schwierigkeiten wie bei POKO gingen zwei andere Unternehmen unter, deren Mitarbeiter vorwiegend aus „Kreativen" bestanden: das „Quickborner Team" der Gebrüder Schnelle, das nach fünf Jahren auseinander fiel, und der Berliner Verlag Klaus Wagenbach, der nach nur zwei Jahren kollektiver Führung bereits am Ende war. Dieser Fall war deshalb so aufsehenerregend peinlich, weil er von den Linken stets als Modellfall eines sozialistischen Verlages gefeiert worden war.

Fazit aus den bisher besprochenen drei Fällen mißglückter Betriebsführung unter Mitbestimmung:

○ Wo ist eigentlich der heute so gerne bemühte „mündige Mitarbeiter" abgeblieben? Haben Sie, verehrte Leserinnen und Leser, von diesem Idealtyp, beispielsweise bei POKO, etwas bemerkt?

○ Wird Ihnen jetzt langsam klar, daß der von mir etwas provokant abgefaßte Titel „Im Zweifelsfall allein entscheiden'' seine Berechtigung hat? Wobei die Betonung auf ,,Im Zweifelsfall'' liegt. Doch darauf komme ich noch zurück . . .

6.2 Das ,,Porst-Modell''

Wenden wir uns nunmehr einem anderen Modell zu, das seinerzeit viel Staub aufgewirbelt hat: dem ,,Porst-Modell''. Daß dieses Modell von Anfang an Furore machte, war auch der gezielten PR-Arbeit seines exzentrischen Chefs zuzuschreiben, der sich selbst einmal in der paradoxen Weise charakterisiert hat: ,,Ich bin Millionär und Marxist''. Für mich schließt das eine das andere aus — aber sicher hatte Herr Porst (damals) eine andere Marxismusvorstellung als ich.

Auch die Führungstechnik des Porst-Modells vertrug sich nicht mit marxistischen Forderungen nach Mitbestimmung und Selbstbestimmung am Arbeitsplatz. Es bestand nämlich im damaligen Porst-Modell eine strenge Hierarchie, die hinsichtlich ihrer Bestimmungen über Dienstaufsicht, Kontrolle und die Delegation von Aufgaben und Kompetenzen eher an Höhns ,,Harzburger Modell'' erinnerte. Das heißt: Schon vom Ansatz her war Porst in punkto Mitbestimmung beileibe nicht so weit gegangen, wie man dies bei seiner linken Einstellung hätte vermuten können.

Neu am Porst-Modell war die Tatsache, daß sich Vorgesetzte alle zwei Jahre der Beurteilung durch ihre Mitarbeiter stellen mußten und regelrecht abgewählt werden konnten, was in der Betriebsverfassung mit „freistellen" umschrieben wurde. Allein die Tatsache, daß die theoretische Möglichkeit der Freistellung bestand, und die Forderung, künftig Entscheidungen im Team herbeizuführen, hat den erbitterten Widerstand des Managements hervorgerufen. Deshalb sagte mir Dieter Reiber im Mai 1973, als er noch bei Porst war, der Widerstand der Gruppen- und Abteilungsleiter könne nur durch ständige Schulung allmählich abgebaut werden.

Ein weiteres Novum war der sogenannte Beirat aus fünf Mitarbeitern und vier Externen, der theoretisch die Geschäftsführung (einschließlich Herrn Porst) entlassen konnte. Auswirkungen auf die Praxis: Dieter Reiber, einer der geistigen Väter des Modells, schied aus. Wohlrab, der Dritte im Bunde, folgte bald nach. Porst selbst saß, auch wenn er dies ständig lautstark bestritt, am längeren Hebel. Weil er infolge seiner Vollhaftung für die ersten fünf Jahre der einzig relevante Gesprächspartner der Banken war und seinen Einfluß auf das „verschenkte Unternehmen" auch noch von außen her über die Banken geltend machen konnte – zum Beispiel, wenn Kredite aufgenommen werden mußten.

Ein Kardinalfehler, den Porst gemacht hatte, war, daß die Belegschaft auf das neue Modell psychologisch überhaupt nicht vorbereitet worden war. Als Porst am 8. Oktober 1972 in der Meistersingerhalle von Nürnberg unter Musikumrahmung den 1400 geladenen Mitarbeitern das neue Modell vorstellte, wirkte die ganze Show eher wie ein Blitzschlag, von dessen Folgen sich die Belegschaft nie mehr erholt hat. Fazit: Die besten Top-

Manager liefen weg, das Mittelmanagement war total verunsichert und stand dem Modell zu 90 % ablehnend gegenüber, die Belegschaft war ratlos. Schon deshalb, weil die meisten Mitarbeiter gar nicht begriffen hatten, worum es bei diesem „Geschenk an die Belegschaft" ging.

Übertragbarkeit auf andere deutsche Betriebe: Fehlanzeige! Das Porst-Modell war so hausgeschneidert, daß es eo ipso nicht auf andere Betriebe übertragbar war. Obwohl Porst die „totale Mitbestimmung" versprochen hatte, enthielt das Modell in praxi recht wenig Spielraum für die Mit- beziehungsweise Selbstbestimmung des einzelnen Mitarbeiters. Erfahrene Manager wie Reibert oder Wohlrab hätten vielleicht aus dem Modell trotzdem noch etwas machen können – aber nicht mit Herrn Porst als „Erblasser".

6.3 Erfahrungen aus deutschen Modellen

Versuchen wir, die bisherigen Erfahrungen zusammenzufassen (die Reihenfolge stellt keine Wertung dar):

1. Für Mitbestimmungsmodelle im Betrieb gibt es kein Patentrezept.

2. Die Erfolgsaussichten sind um so besser, je stärker die Persönlichkeit an der Spitze ist – nicht im Sinne von altväterlich-autoritär, sondern im Sinne von Kommunikations- und Begeisterungsfähigkeit.

3. Wenn die formelle Hierarchie abgebaut wird, müssen genügend starke Persönlichkeiten da sein, die die informelle Führung übernehmen. Es gibt nämlich kein einheitliches Niveau hinsichtlich des Dominanzstrebens in einer Gruppe – das ist eine Illusion!

4. Mitbestimmungsmodelle haben um so mehr Aussicht auf Erfolg, je höher die Gewinnbeteiligung der Mitarbeiter ist.

5. Mitbestimmungsmodelle haben um so mehr Aussicht auf Erfolg, je größer das Angebot an Arbeitskräften ist.

6. Alle Mitarbeiter sollten einem jahrelangen, gezielten Verhaltenstraining unterworfen werden.

7. Die Firmenpolitik muß glasklar und allen erkennbar sein.

8. Die zu erreichenden Ziele sollten, etwa nach dem Muster eines Management by objectives, gemeinsam vereinbart werden.

9. Nicht kooperationsfähige oder nicht kooperationswillige Mitarbeiter sollten aus dem Betrieb entfernt werden.

10. Eine Übergangszeit von mindestens zwei Jahren, möglicherweise mit einem Leistungsabfall, muß einkalkuliert werden. Insofern ist ein Vorschuß an Vertrauen von seiten der Geschäftsleitung notwendig.

11. Es sollte a priori nicht versucht werden, ideologische Gesichtspunkte in das Modell einzubringen — auch nicht die Idee der parlamentarischen Demokratie!

Ohne Zweifel kommt der Entscheidungsfindung in Gruppen eine überragende Bedeutung zu. Wir wollen uns deshalb im nächsten Kapitel mit diesem Problem auseinandersetzen.

7. Kapitel:
Gruppendynamik und Entscheidungsprozeß

7.1 Wie entscheidet der Mensch?

Bevor wir uns dem Kernproblem dieser Arbeit nähern, nämlich der Gruppenentscheidung, empfiehlt es sich, den Entscheidungsprozeß als solchen etwas zu durchleuchten.

Man spricht in der Management-Theorie mit Recht von einem Entscheidungsprozeß, weil das Entscheiden niemals eine „punktförmige" Angelegenheit ist, sondern in Stufen oder Phasen verläuft. Jede dieser Phasen ist in hohem Maße für kognitive und psychologische Störungen anfällig.

Es herrscht heute in der Entscheidungstheorie Einigkeit darüber, daß jeder Entscheidungsprozeß in etwa dem folgenden Ablaufschema in drei Phasen entspricht:

Phase 1:

Ein Problem taucht auf. Man versucht zunächst, dieses Problem zu analysieren beziehungsweise zu definieren. Dann sammelt man − möglichst viele − Informationen, die zu dem anstehenden Problem eine Beziehung haben. Aufgrund der Informationen erweist sich zuweilen, daß das Problem viel komplexer oder ganz anders gelagert ist, als man ursprünglich glaubte. Oft erkennt man bereits in dieser Primärphase, daß man zunächst das eigentliche Problem gar nicht gesehen, sondern ein Symptom für das Problem selbst gehalten hatte. Das kann dazu zwingen, das Problem noch einmal definieren zu müssen. Ist diese Definition geglückt, überlegt man sich mögliche Lösungen, um das Problem aus der Welt zu schaffen.

Phase 2:

Jetzt können bereits erste gravierende Schwierigkeiten entstehen; weil die zur Verfügung stehenden Informationen und die daraus konzipierten möglichen Lösungen auf zweierlei Art verarbeitet werden:

1. denkerisch (kognitiv),

2. emotional.

Doch auch die kognitive Verarbeitung läßt noch Variationen zu; bekanntlich gibt es „analytische" und „schöpferische" Denker; oder, anders formuliert: Menschen, die mehr abstrakt, das heißt in Symbolen denken, und solche, die bildhaft (ikonisch) denken. Welche Art von Denken ein Mensch bevorzugt, ist das Ergebnis von Elternhaus und Schule beziehungsweise Hochschule. H. Leavitt bringt dazu das anschauliche

Beispiel zweier junger Menschen, die sich bei Studienbeginn kennenlernen: er will Ingenieur werden, sie besucht die Kunstakademie; im Laufe der Jahre, bis zur Beendigung des Studiums, wird das Denken der beiden so wesentlich umgeprägt, daß sie faktisch zwei Sprachen reden: sie diskutieren meistens aneinander vorbei. Das bedeutet, auf unser Problem der Gruppenentscheidung bezogen: selbst in jener Einleitungsphase des Entscheidungsprozesses, wo es nur um die denkerische Bewältigung vorhandener Fakten geht, entstehen in praxi bereits große Differenzen.

Nun haben sich, bei beiden Arten der Problemverarbeitung, ganz besondere Spielregeln herauskristallisiert. Bei der kognitiven Verarbeitung versucht man im allgemeinen, die vorhandenen Informationen zu differenzieren: ist eine Information für das anstehende Problem wirklich wesentlich — oder kann man sie unter den Tisch fallen lassen? Welcher Stellenwert kommt den übriggebliebenen Informationen zu? Das heißt, man geht bei dieser Prozedur von der Annahme aus: je differenzierter die Informationen, desto objektiver die Entscheidung! Ein Prinzip übrigens, für das ,,schnelle Entscheider'' nur Verachtung übrig haben.

Eine große Rolle spielt bei der kognitiven Verarbeitung auch das ,,timing'': Wieviel Zeit habe ich für die Entscheidungsfindung überhaupt zur Verfügung? Beziehungsweise: welcher Zeitpunkt ist, im Rahmen der Gesamtaktivitäten eines Unternehmens, der optimalste für die Entscheidung? Zum Beispiel hinsichtlich seiner Konsequenzen für andere Subsysteme des Betriebs.

Schließlich spielt bei der kognitiven Verarbeitung auch die Routine eine große Rolle – der „Entscheidungsautomatismus", der sich in vielen Unternehmen herausgebildet hat. Was ein neuer Mitarbeiter in Großbetrieben in der Regel zuerst hört, ist der Hinweis: „Bei uns macht man das so!" Dies bedeutet in praxi eine Einengung der kognitiven Möglichkeiten überhaupt; oder, anders formuliert: eine willkürliche Beschneidung der Erarbeitung von Alternativen.

Endlich ist, für die kognitive Verarbeitung, noch auf ein Phänomen zu verweisen, das meistens übersehen wird: ich meine den „Positionseffekt". Das heißt: Der Stellenwert einer Information verändert sich reziprok zu ihrem zeitlichen Erscheinen; die letzten Informationen erhalten ein überproportionales Gewicht und beeinflussen deshalb den Entscheidungsprozeß nachhaltiger als Informationen, die schon längere Zeit zur Verfügung stehen.

Wenden wir uns nunmehr der emotionalen Verarbeitung vorhandener Informationen beziehungsweise angebotener Lösungsmöglichkeiten zu. Eine ungeheure Rolle spielt dabei die „Gestimmtheit" eines Menschen, das heißt, die Summe aller gefühlsmäßigen „Anmutungen" im Verlaufe seines bisherigen Lebens. Intelligente Menschen, die stolz auf ihren Verstand sind und auf ihre Fähigkeit, ihn kausal und logisch gebrauchen zu können, wollen diese Tatsache meist nicht wahrhaben. Dabei hat die Psychologie eindeutig nachgewiesen, daß unsere Gefühle alle Informationen einfärben, die wir aus unserer Umwelt oder aus unserer Innenwelt aufnehmen; und die damit auch alle Denk- und Entscheidungsprozesse beeinflussen. Es ist doch nicht unwesentlich, ob ein Mensch in einer Konfliktsituation, die er durch eine Entscheidung auflösen muß, zu diesem Zeitpunkt optimistisch, depressiv oder aggressiv gestimmt ist — um nur einige wenige Möglichkeiten anzudeuten. Und aus dieser Gestimmtheit heraus ergeben sich auch die „emotionalen Erwartungen", mit denen sich ein Mensch in einen Entscheidungsprozeß hineinbegibt.

Eine weitere wesentliche Rolle spielt bei der emotionalen Verarbeitung das Bedürfnis nach Sicherheit. Wie wir seit Maslows Untersuchungen wissen, steht das Bedürfnis nach Sicherheit bei den meisten Menschen hinter den physiologischen Bedürfnissen, die unsere nackte Existenz gewährleisten, an zweiter Stelle. Das bedeutet aber: Jeder Mensch in einem Entscheidungsprozeß wird — bewußt oder unbewußt — die Konsequenzen aus der Entscheidung hinsichtlich seiner persönlichen Sicherheit abwägen. Fühlt er sich zum Beispiel von den vorausschaubaren Konsequenzen bedroht, wird er nicht sachgerecht abstimmen — mögen auch die Fakten eine noch so klare Sprache sprechen!

In engem Zusammenhang mit dieser Tatsache steht die Erfolgswahrscheinlichkeit. Da wir in unserer Gesellschaft ganz und gar auf Erfolg programmiert sind, bedeutet Mißerfolg oftmals einen Status- und Prestigeverlust. Der Entscheider wird deshalb — oft auf einer unterbewußten Ebene — von der Möglichkeit eines Mißerfolges verunsichert und geängstigt; was ihn wiederum dazu bewegen kann, nicht sachgerecht zu entscheiden.

Später auf diese Tatsache angesprochen, wird er eine derartige Unterstellung mit Entrüstung zurückweisen, und sein von der Angst übertölperter Verstand wird ihm plausible Erklärungen zur Verfügung stellen: ein Vorgang, der unter der Bezeichnung „Rationalisierung" allen Psychologen wohlbekannt ist.

Wir können indessen die Besprechung der Phase 2 nicht abschließen, ohne auf eine weitere wesentliche Tatsache hinzuweisen: auf die Motivation eines Menschen, der in einen Entscheidungsprozeß verwickelt ist.

Wie wir heute wissen, folgt jede menschliche Handlung diesem Schema:

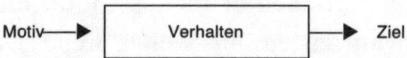

Motiv ⟶ Verhalten ⟶ Ziel

Das heißt: der Mensch hat ein Motiv (oder Bedürfnis); dieses Motiv ist stets zielorientiert; und danach richtet sich das Verhalten.

Wie Analysen des Verhaltens von Führungskräften oder auch von Mitarbeitern ohne Führungsfunktion ergeben haben, spielen in Industrie und Wirtschaft vor allem drei Motivationsarten eine gravierende Rolle:

1. Das Bedürfnis nach „sozialer Akzeptanz"; das heißt, man möchte von Chefs wie von Kollegen als vollwertiges Mitglied akzeptiert werden. Kein Mensch — sofern er nicht mehr oder weniger neurotisch ist — möchte in die Position des Außenseiters und damit in die Isolierung gedrängt werden.

2. Das Streben nach einem „Positionsgewinn"; das heißt, die Menschen möchten nicht nur vermeiden, „Gesicht zu verlieren", sondern auch ihre Position im Betrieb immer weiter ausbauen. Eine Entscheidung beispielsweise, die sich gegen den Chef einer Stabsabteilung auswirkt, schwächt dessen Position im gesamten Betrieb.

3. Das Streben nach „Dominanz"; das heißt, wer sich – aus welchen Gründen auch immer – zum Weg auf den Gipfel entschlossen hat, wird bei allen Entscheidungen in erster Linie darauf achten, daß mit dem Entscheidungsergebnis ein Machtgewinn für ihn verbunden ist; beziehungsweise, daß auf keinen Fall eine Machtschmälerung dabei herauskommt.

Der Mensch sieht also, bildlich ausgedrückt, die gesamte Problematik durch eine motivationsgefärbte Brille. Diese Brille verhindert einerseits, daß er bestimmte Faktoren wahrnimmt („blinde Flecke"), und bewirkt andererseits, daß er andere Fakten überbewertet.

Phase 3:

So vorbelastet geht der Mensch nunmehr daran, die Entscheidung tatsächlich zu treffen, das heißt, sich aus den erarbeiteten möglichen Lösungen auf eine festzulegen.

Allerdings gliedern manche Autoren, beispielsweise Peter F. Drucker, dem Entscheidungsprozeß noch eine *Phase 4* an. Sie bemerken nämlich (mit Berechtigung), daß die beste Entscheidung nichts nützt, wenn nicht am Ende des Entscheidungsprozesses festgelegt wird, wer die Entscheidung in Aktion umsetzen soll und wer dafür verantwortlich ist. Und schließlich muß, ebenfalls zu diesem Zeitpunkt, das Kontrollsystem installiert werden. Denn ob die Entscheidung gut war, das heißt, ob das anstehende Problem durch sie aus der Welt geschafft wurde, ergibt erst das kontinuierliche Feedback. Es ist nicht nur denkbar, sondern in der Praxis ziemlich häufig, daß das Problem nicht verschwindet, sondern im Gegenteil größer wird. Wenn man dies nicht rechtzeitig erkennt, kann der Karren so verfahren werden, daß ihn später niemand mehr aus dem Dreck ziehen kann.

Wie wir gesehen haben, ist jeder Entscheidungsprozeß eine komplexe und schwierige Angelegenheit. Je mehr wir versuchen, diesen Vorgang zu durchleuchten, desto mehr kommt eine Tatsache zum Vorschein: daß der Entscheider ein Mensch ist, mit allen Vorzügen und Schwächen unserer Spezies. Und da der Mensch in seiner Vielschichtigkeit auch für den erfahrensten Tiefenpsychologen noch lange nicht transparent genug ist, läßt sich für den Entscheidungsprozeß kein Patentrezept entwickeln; ein Rezept, das allen möglichen Kombinationen menschlichen Verhaltens gerecht würde. Aus diesem Grunde werden auch alle weiteren Bemühungen, so ein Rezept zu entwickeln, scheitern. Wer es trotzdem versucht, dem wird es vermutlich künftig so ergehen wie den Alchimisten des Mittelalters bei ihrer Suche nach dem ,,Stein der Weisen''.

Es leuchtet wohl ein, daß bei einem Entscheidungsprozeß, der von einem verantwortlichen Chef auf ein gleichberechtigtes Kollektiv transponiert wird, die oben beschriebenen Schwierigkeiten noch potenziert werden.

7.2 Das Entscheidungsprocedere in einer autonomen, heterogenen Gruppe

Nehmen wir einmal an, eine „selbststeuernde Gruppe" bestünde aus fünf Spezialisten verschiedener Provenienz; vielleicht ist die Gruppe damit beschäftigt, im Rahmen eines kleineren Unternehmens elektronische Steuereinheiten für Maschinenaggregate zu entwickeln. Die Gruppe erfüllt zugleich die Aufgabe einer Stabsabteilung mit Koordinationsfunktion, da das Gros der 90 Mitarbeiter im wesentlich aus qualifizierten Facharbeitern besteht.

Es ist klar, daß diese autonome Gruppe ständig mindestens vier Arten von Entscheidungen zu treffen hat:

1. Wie durchleuchte ich den Markt und akquiriere neue Kunden?

2. Wie löse ich die rein konstruktiven Aufgaben?

3. Wie organisiere ich den Betrieb, um so rationell wie möglich zu produzieren?

4. Wie löse ich die Finanzprobleme?

Nehmen wir weiterhin an, die fünf Team-Mitglieder hätten folgenden persönlichen Hintergrund:

A ist 38 Jahre alt, Diplom-Ingenieur für Schwachstromtechnik, hat zwei Söhne auf der Oberschule; sein Vater war Professor der Chemie. Er hat zehn Jahre Berufserfahrung, davon acht Jahre in einem Elektro-Multi.

B ist 42 Jahre alt, Diplom-Ingenieur für Schwachstromtechnik, verheiratet, hat einen studierenden Sohn. Sein Vater war Farmer im ehemaligen Deutsch-Südwest-Afrika. B hat acht Jahre in Südafrika gearbeitet und dort die elektrischen Anlagen in Bergwerken gewartet.

C ist 30 Jahre alt, hat ursprünglich Mathematik studiert und dann Betriebswirtschaft angehängt. Er ist OR-Spezialist, war nach dem Studium zwei Jahre in einem Konzern und gehört der Firma seit einem Jahr an. Er ist verheiratet und hat ein Kind. Sein Vater war Elektromeister in einem Konzern.

D ist 34 Jahre alt, graduierter Ingenieur für Schwachstromtechnik, unverheiratet. Sein Vater war Maurer. D hat zuerst eine Lehre als Fernsehmechaniker gemacht, sich dann auf dem zweiten Bildungsweg die Mittlere Reife erarbeitet und schließlich eine HTL besucht. Er war drei Jahre im Zentral-Labor eines Elektro-Konzerns in der Entwicklung von Motor-Drehwählern beschäftigt und gehört seit zwei Jahren zum Theam.

E ist 36 Jahre alt und Elektronik-Ingenieur für Flugzeugsteuerungen. Er hat — als lediges Kind einer Verkäuferin — zunächst eine Lehre in einem Rundfunkgeschäft absolviert und wanderte mit 18 Jahren in die USA aus. Er wurde zum typischen Selfmademan, studierte

Elektronik und war anschließend sechs Jahre in einem kalifornischen Flugzeug-Konzern tätig. Vor drei Jahren kehrte er nach Deutschland zurück, weil seine deutsche Frau Heimweh hatte und sich in den Staaten nicht einleben konnte. Er ist seit zweieinhalb Jahren in der Firma.

Wir haben also eine ausgesprochen heterogene Gruppe vor uns – wie sie in der Praxis gang und gäbe ist! Fünf Menschen mit verschiedenem Herkommen, verschiedenen Lebens- und Berufserfahrungen und sicherlich ganz verschiedener persönlicher Zielsetzung. Im übrigen sind alle deutsche Staatsbürger; das heißt, die psychologischen Schwierigkeiten, die heute im Berufsalltag durch die Vorurteile ausländischen Mitarbeitern gegenüber verursacht werden, sind in diesem Beispiel nicht berücksichtigt. Unterstellen wir einmal, alle fünf Mitglieder dieser Gruppe würden ihren Beruf lieben, seien leistungsorientiert und auch ziemlich karrierebewußt. Ohne sich in Einzelheiten dieser Persönlichkeiten vertiefen zu wollen: Welche Schwierigkeiten glauben Sie, verehrte Leser, können sich bei der Zusammenarbeit dieses Teams ergeben?

Die erste Schwierigkeit erwächst sicherlich aus dem genetischen Material, das die einzelnen in unterschiedlicher Weise mitbringen. Ich meine vor allem die unterschiedliche Kapazität an Intelligenz und Kreativität, denn die fünf haben sicherlich weder einen gleich hohen Intelligenz- noch einen gleich hohen Kreativitätsquotienten.

Die zweite Schwierigkeit wird sich aus der unterschiedlichen Triebstruktur der Gruppenmitglieder ergeben, das heißt aus der Struktur ihres Unterbewußtseins. Da die Menschen, wie in den ersten beiden Kapiteln dieses Buches demonstriert wurde, vornehmlich aus dem Unterbewußtsein gesteuert werden, ist allein diese unterschiedliche Triebstruktur eine stete Quelle von Differenzen.

Die dritte Schwierigkeit ergibt sich aus der unterschiedlichen Programmierung in Elternhaus und Schule. Oder, um es anders zu formulieren: einzelne Team-Mitglieder werden eher dem Typ ,,Winner'', andere dem Typ ,,Hinterweltler'' zuzuordnen sein.

Die vierte Schwierigkeit wird aus der verschiedenen Lebenserfahrung resultieren. E, unser Selfmademan, hat sicherlich eine optimistischere Lebenseinstellung und ist risikobereiter als beispielsweise A, dessen Leben ohne Höhen und Tiefen ,,normal-bürgerlich'' verlief. Im Soziogramm der Gruppe ergeben sich zweifellos stärkere Affinitäten zwischen B und E, da beide im Ausland gearbeitet haben.

Die fünfte Schwierigkeit ergibt sich aus der verschiedenen Berufserfahrung. Sicherlich haben alle Team-Mitglieder ,,Sachverstand'' — wesentlich ist indessen, welche Bedeutung jeder einzelne seinem speziellen Sachverstand in Relation zu dem der anderen beimißt.

Die sechste Schwierigkeit ergibt sich aus den verschiedenartigen Motivation. Welches der Team-Mitglieder strebt in erster Linie nach sozialer Akzeptanz? Wer sorgt sich hauptsächlich um seine Position? Wieviele der fünf Mitglieder haben ein ausgeprägtes Dominanzstreben? Oder ist möglicherweise ein Team-Mitglied dabei, das in einem ständigen Motivations-Konflikt lebt und nie genau weiß, was es eigentlich will?

Die siebte Schwierigkeit ergibt sich aus den gruppendynamischen Prozessen, das heißt aus den Interaktionen der Mitglieder untereinander. Zunächst findet in jedem Team, in dem offiziell alle gleichberechtigt sind, der Kampf um die (inoffizielle) Führung statt. Er manifestiert sich stets im Streit um Verfahrensfragen. (Siehe das Beispiel der POKO-Gruppe, wo eine Projektgruppe sechs Monate diskutierte, bis man sich einig war, wer was tut). Solange der Kampf um die Führung nicht entschieden ist, ist die Gruppe nicht arbeitsfähig.

Die achte Schwierigkeit ergibt sich aus dem Kampf um den Platz in der ,,Hackreihe'', das heißt, um die Status-Position innerhalb der Gruppe. Dieser Status (oder das Ansehen, das einer bei den übrigen Mitgliedern genießt) ist ein Mischprodukt verschiedenster Faktoren: der sozialen Herkunft, der Persönlichkeitsstruktur, der Lebenserfahrung, des beruflichen Könnens, der erbrachten Leistung, des privaten Hintergrundes usw. Auch dieses Sicheinordnen in die Hackreihe, oft verbunden mit erbitterten Zweikämpfen um die nächsthöhere Position, braucht Zeit und paralysiert die Effizienz der Gruppe.

Die neunte Schwierigkeit ergibt sich aus der Rollen-Auswahl. Jede Gruppe erwartet von ihren Mitgliedern, daß sie in eine spezielle Rolle schlüpfen. Dann glaubt man nämlich zu wissen, woran man mit dem anderen ist — das heißt sein Verhalten wird vorausschaubar. Solche typischen Rollenbilder sind beispielsweise die des Tüchtigsten, des Beliebtesten, des Gruppentrottels, des Oppositionellen, des Hilflosen usw. Wer sich nicht freiwillig in ein Rollenbild fügt, wird zum Außenseiter. Solche schrankenlosen Individualisten, von den Amerikanern „Solo player" genannt, sind ein ständiger Unruheherd für jede Gruppe.

Die zehnte Schwierigkeit ergibt sich aus der gegenseitigen Beeinflussung jedes Gruppenmitgliedes durch jeden. Diesem Problem wird viel zu wenig Aufmerksamkeit geschenkt. Alles, was ein Mitglied eines Teams tut oder unterläßt, beeinflußt alle Anwesenden. Jeder, der schon einmal an einer Brainstorming-Sitzung teilgenommen hat, weiß zum Beispiel, wie hemmend ein Mitglied wirkt, das nur schweigend dasitzt und keine einzige Idee auf den Tisch wirft. H. Leafitt beschreibt diese Problematik (in: „Grundlagen der Führungspsychologie") wie folgt:

Und dann gibt es noch Probleme, die aus der Gruppe herauswachsen — Vorschläge werden ignoriert, man lacht über jemanden, ein anderer sagt überhaupt nichts und lächelt nur, womit er einige seiner Kollegen verängstigt und andere wiederum ermuntert . . . Der schweigsame Mann, der zurückgelehnt seine Pfeife raucht, kann nicht nur die Anzahl, sondern sogar die Qualität der Ideen, die in den Gruppenprozeß einfließen, ernsthaft beeinflussen. Denn aus ihren Augenwinkeln heraus achten die anderen Mitglieder auf seine Gesten der Anerkennung oder Ablehnung. Und abhängig oder unabhängig von der eigenen Sicherheit oder Unsicherheit der einzelnen Gruppenmitglieder kann dieser oder jener Gesichtspunkt geändert, zurückgehalten oder überbetont werden, nur weil ein schweigsamer Mann in der Ecke sitzt.

Ich möchte bei diesem Punkt noch etwas verweilen; erstens, weil ich ihn für extrem wichtig halte; und zweitens, weil er in der Literatur meines Erachtens viel zu kurz kommt.

Amerikanische Psychologen, die sich mit der Erforschung von Interaktionen in industriellen Gruppen beschäftigen, machten eine Feststellung, die sie verwunderte: manche Menschen ändern während eines Kommunikationsprozesses unglaublich rasch und radikal ihr Verhalten! Dies machte die Beobachter stutzig; denn wenn man davon ausgeht, daß das Verhalten eines Menschen letztlich eine Projektion seiner Persönlichkeitsstruktur nach außen ist, dann würde doch eine plötzliche, radikale Verhaltensänderung eine Veränderung der Persönlichkeitsstruktur implizieren! Wo bleibt dann die in sich gefestigte, reife Persönlichkeit?

7.3 Die Versuche des Mister Gergen

Der amerikanische Psychologe Kenneth I. Gergen hat in den 70er Jahren eine Versuchsreihe zur Klärung der Frage nach der Änderung der Identitätsmaske eines Menschens durchgeführt, aus der im Folgenden einige Experimente und ihre Ergebnisse in aller Kürze geschildert werden sollen.

Um festzustellen, ob das Selbst-Bild eines Menschen, das ja den subjektiven Eindruck einer Person über sich selbst darstellt, wirklich so schnell zu verändern ist, baute Gergen seine Experimente auf folgendem Schema auf: Alle Versuchspersonen (VP) wurden, etwa vier Wochen vor Beginn der Experimente, aufgefordert, sich selbst so genau wie möglich – und vollkommen ehrlich! – zu beschreiben. Sie sollten also ein Selbst-Bild liefern. Als die eigentlichen Experimente vier Wochen später anliefen, hatte keine dieser Versuchspersonen eine Ahnung, daß sie Teilnehmer eines Experiments war. Durch diese Versuchsanordnung sollte – wenigstens weitgehend – der Versuch einzelner VP ausgeschaltet werden, sich im Experiment so zu verhalten, ,,wie das von ihnen erwartet wurde''. Außerdem wurden alle Versuchsergebnisse den Ergebnissen von unbeeinflußten Kontrollgruppen gegenübergestellt.

Versuch Nr. 1:

18 College-Studentinnen wurden von einer als ,,Lernschwester'' getarnten Psychologin aufgefordert, einzelne

Fragen über ihren persönlichen Hintergrund zu beantworten. Nun lief das Experiment in zwei Parallelgruppen. Bei der einen zeigte die Interviewerin Zeichen der Zustimmung, wenn die Erzählerin eine Selbsteinschätzung gab, die positiver als die Norm war. Bei der anderen Gruppe zeigte die Interviewerin Zeichen der Mißbilligung, wenn sich ein Mädchen negativ beschrieb. Beiden VP-Gruppen wurde allmählich klar, daß die Interviewerin die Mädchen außerordentlich positiv einschätzte. Ergebnis: die Schilderung der Mädchen über sich selbst wurde immer positiver. Ihre Identitätsmaske hatte sich positiv verändert. Einige erklärten am Morgen nach dem Interview, sie hätten sich dabei ausgesprochen glücklich gefühlt, und dieses Glücksgefühl hätte den ganzen Tag über angehalten!

Versuch Nr. 2:

54 Paare junger Studentinnen wurden aufgefordert, eine Selbstdarstellung zu schreiben. Man sagte ihnen, der andere Partner des Zweier-Teams würde dieses Selbstbild dann zu lesen bekommen. Beim Austausch der Niederschriften wurde geschwindelt: die Mädchen erhielten nicht das Manuskript der Partnerin, sondern stattdessen eines, das vorher vom Versuchsleiter geschrieben worden war.

Die Hälfte der Gruppe bekam dadurch das Selbst-Bild einer ,,Angeberin'': einer Kollegin von untadeligem Charakter, welche sich selbst beschrieb als heiter, intelligent und hübsch; sie ging gern zur Schule, hatte eine herrliche Kindheit und war ausgesprochen optimistisch hinsichtlich der Zukunft. Der anderen Gruppenhälfte wurde ein Selbst-Bild untergeschoben, das offensichtlich von einer Kollegin kam, die als „psychologischer Kehricht" erschien; sie war eine typische „Lamentiererin": unglücklich, häßlich und weit unter Durchschnitt intelligent; ihre Kindheit war miserabel gewesen; sie haßte die Schule und hatte furchtbare Angst vor der Zukunft.

Nun wurden die Versuchspersonen aufgefordert, nachdem sie ja den Bericht der Kollegin gelesen hatten, sich selbst nochmals zu beschreiben — so ehrlich wie möglich! Ergebnis: Die Mädchen, die das Protokoll der „Angeberin" gelesen hatten, verbesserten ihr Selbst-Bild erheblich! Die Begegnung mit einem Angeber — selbst wenn diese Begegnung nicht persönlich erfolgt — ruft ein Un-Gleichgewicht hervor, das der Betroffene durch eine Erhöhung seines Selbst-Bildes ausgleicht!

Die „Lamentiererin" produzierte bei den Kolleginnen negative Resultate. Die Mädchen sahen sich plötzlich viel negativer und pessimistischer. So, als ob sie sagen wollten: „Ich verstehe, was du meinst; aber ich habe auch meine Probleme!"

Versuch Nr. 3:

Die Universität von Michigan schrieb einen gut bezahlten Ferienjob aus. Jeder Bewerber bekam die üblichen Einstellungsfragebogen; er wurde zusätzlich aufgefordert, sich selbst zu beschreiben; dieses Selbst-Bild hätte aber keinen Einfluß auf die Chance, eingestellt zu werden; aber man bitte um die ehrliche Selbstbeschreibung zur Erarbeitung eines guten Persönlichkeits-Tests.

Die Bewerber wurden nun einzeln in einem Raum an die Stirnseite eines langen Tisches gesetzt und begannen, ihre Formulare auszufüllen. Nach etwa zehn Minuten wurde ein zweiter Mann in den Raum gebracht, der sich wortlos an die andere Stirnseite des Tisches setzte – offensichtlich auch ein Bewerber.

Diese ,,Strohmänner'', die vom Versuchsleiter ,,präpariert'' worden waren, verkörperten zwei ganz verschiedene Typen: der eine war ,,Herr Reinlich'', eine bestechende Erscheinung im Maßanzug, mit hochglänzenden Schuhen und einem Diplomatenköfferchen bewaffnet. Der zweite Strohmann, mit dem ein Teil der Bewerber konfrontiert wurde, war ,,Herr Schmutzig'': in einem zerknautschten, verschwitzten Hemd, mit durchgescheuerten Hosen und einem zwei Tage alten Bart. Ergebnis: ,,Herr Reinlich'' bewirkte eine signifikante Herabsetzung des Selbstwertgefühls: die Bewerber fühlten sich in seiner Gegenwart schmutzig, dämlich und ,,ekelhaft klein''. Anders bei ,,Herrn Schmutzig'': er bewirkte eine auffallende Erhöhung des Selbstwertgefühles! Nach seinem Erscheinen fühlten sich die Bewerber stattlicher, optimistischer und hatten plötzlich mehr Selbstvertrauen.

Gergen faßte die ersten Ergebnisse seiner Versuche als Zwischenergebnis wie folgt zusammen:

William James glaubte, daß die engen Freunde eines Menschen seine „öffentliche Identität" formen: Ein Mensch hat so viele „soziale Selbst", als es bestimmte Gruppen gibt, auf deren Meinung er Wert legt. Unsere Untersuchungen untermauern dieses Ergebnis, gehen indessen noch darüber hinaus: unsere Identität wird sich immer dann signifikant verändern, wenn Fremde zugegen sind.

Nun dehnte Gergen seine Versuche auf einen weiteren Gesichtspunkt aus: Inwieweit ändert ein Mensch sein Selbst-Bild, wenn bestimmte Erwartungen auf ihn gerichtet sind? Oder, anders formuliert: Verändern die Aufgaben eines Menschen sein Selbst-Bild? Antwort auf diese Frage gab der

Versuch Nr. 4:

Wenn man ein 2-Mann-Offiziers-Team an eine gemeinsame Flottenmanöver-Aufgabe setzt, die Partner aber vorher getrennt instruiert; dergestalt, daß

○ der eine sich ganz auf die Aufgabe konzentrieren sollte, sein gefährdetes U-Boot aus einem feindlichen Flottenverband unbeschädigt hinauszumanövrieren;

○ der andere indessen, der den Flottenverband führt, angewiesen wird, sich weniger auf seine Führungsaufgabe zu konzentrieren, sondern hauptsächlich bedacht zu sein, dem Team-Gegner zu gefallen —

dann verändert sich das Selbst-Bild sofort in charakteristischer Weise:

○ der U-Boot-Offizier sieht sich viel logischer, disziplinierter und effektiver als vier Wochen zuvor, als er sein Selbst-Bild unter Ruhebedingungen niederschrieb;

○ der Flotten-Offizier hingegen beschrieb sich viel freier, toleranter und gefühlsbetonter als vier Wochen zuvor!

Fazit: Jeder von beiden wechselte seine Identitätsmaske und änderte sich im Verhalten so, daß er der gestellten Aufgabe am besten gerecht wurde. Und jeder von beiden erklärte auf eindringliches Befragen ehrenwörtlich, daß er sich genauso beschrieben hätte, wie er sich erlebte.

Ehe wir aus diesen Teilergebnissen Gergens Schlüsse für die Praxis ziehen, wollen wir doch eines klarstellen − um nicht ,,das Kind mit dem Bade auszuschütten'': Selbstverständlich gibt es Menschen, die ein gut entwickeltes und wohlbalanciertes Selbstwertgefühl ihr eigen nennen. Das sind jene integeren Menschen, die man niemals bestechen könnte; die niemals vorsätzlich Gesetze brechen würden; und die sich ethische und moralische Maßstäbe erarbeitet haben, die für sie tatsächlich zur Richtschnur ihres Denkens und Handelns geworden sind! Diese Menschen wechseln ihre Identitätsmaske nicht von einem Augenblick zum anderen. Und in diesem Sinne an seiner Selbstverwirklichung zu arbeiten, sollte nach wie vor das erstrebenswerteste Ziel eines Menschen überhaupt sein! Aber: Wie viele Menschen mit einer derartigen Zielsetzung gibt es? A. Maslow, der sich jahrzehntelang dem Studium menschlicher Motive und, speziell, des Elite-Menschen, gewidmet hat, schätzte den Anteil derartiger Persönlichkeiten an der Gesamtbevölkerung auf ein Promille. Im Klartext: diesen lächerlich geringen Anteil können wir bei unseren Überlegungen aussparen! Solche Typen tauchen auch in Projektgruppen niemals auf!

Wenden wir uns also wieder dem „Menschen wie du und ich" zu. Für ihn können wir für unsere Berufsarbeit aus Gergens Studien – mit einiger Vorsicht, das heißt nicht mit dem Anspruch einer totalen Verallgemeinerung – folgende Konsequenzen ziehen:

1. Bereits ein Schriftstück kann eine signifikante Änderung des Selbst-Bildes – und damit des Verhaltens – bewirken.

2. Auch die zustimmende oder ablehnende Resonanz eines Gesprächspartners auf unsere Worte kann unser Verhalten plötzlich verändern.

3. Und schließlich kann die Erwartung seitens unserer Umgebung, wie wir eine uns übertragene Aufgabe lösen werden, unser Selbst-Bild radikal verändern. („Der Mensch wächst mit seinen Aufgaben!")

Übertragen wir diese Forderungen nunmehr direkt auf die Situation im Konferenzraum: dort sind Menschen versammelt, die auf der Basis von Schriftstücken diskutieren, dabei ständig der Resonanz ihrer Gesprächspartner ausgesetzt sind und wissen, daß man von ihnen die Bewältigung einer Aufgabe erwartet, die oft wirklich schwierig ist: nämlich, eine optimale Entscheidung zu erarbeiten!

Doch kehren wir nach diesem Abstecher nochmals zur Analyse von Schwierigkeiten zurück, die bei autonomen Kollektiven zu erwarten sind.

Die elfte Schwierigkeit ergibt sich aus dem ,,Generationskonflikt". Überall, wo heute junge Menschen mit ,,gestandenen Männern" in Gruppen zusammenarbeiten müssen, tauchen Schwierigkeiten auf. Alvin Toffler hat (in seinem Buch ,,Der Zukunftsschock") dieses Faktum sehr klar herausgearbeitet. Weil nämlich die junge Generation heutzutage alle Erfahrungen der ,,Alten" pauschal ablehnt, so daß wir eine echte Traditionslücke haben. Abgesehen davon, daß auf diese Weise wertvolle Erfahrungen einfach aus dem Menschheitsbewußtsein verschwinden, stellt diese Einstellung der Jugend eine echte Kommunikationsbarriere in Gruppen dar.

Die zwölfte Schwierigkeit ergibt sich aus dem Problem der Verantwortung. Solange eine Gruppe von einem Chef geführt wird, trägt dieser die Verantwortung für die getroffene Entscheidung. Dieses altvertraute Bild ändert sich schlagartig, wenn ein autonomes Kollektiv Verantwortung übernehmen soll. Wie wir am Beispiel der POKO-Gruppe gesehen haben, lehnten es die Mitglieder unisono ab, für die aufgelaufene Bankschuld aufzukommen. Die Tatsache, daß mitbestimmen auch mitverantworten impliziert, wird nicht zur Kenntnis genommen. Hier haben anscheinend Mitglieder selbststeuernder Gruppen einen gemeinschaftlichen „blinden Fleck". In dieselbe Richtung weisen die Ergebnisse neuerer amerikanischer Studien. So hat man beobachtet, daß die Bereitschaft zu riskanten Entscheidungen in autonomen Gruppen wächst — weil der einzelne nicht belangt werden kann. Mit anderen Worten: Mitglieder eines Kollektivs plädieren bei der Abstimmung für riskantere Entschlüsse, im Vergleich zu jenen, die sie als verantwortliche Einzelperson fassen würden.

Die dreizehnte Schwierigkeit bezieht sich auf das Problem der Vorbereitung. Wenn in einer Gruppe eine Entscheidung erarbeitet werden soll, besonders wenn es sich um ein schwieriges Problem handelt, werden die Team-Mitglieder in der Regel angehalten, sich für die Diskussion vorzubereiten; das heißt, Informationen zu sammeln und sich über mögliche Lösungen des Problems Gedanken zu machen. Hierbei kommt es vor, daß sich der einzelne bereits auf eine ihm optimal erscheinende Lösung festlegt und dann während der Gruppendiskussion nur schwer zu bewegen ist, seinen Standpunkt aufzugeben. Dies bedeutet, in toto gesehen, einen unnötigen Verschleiß an Zeit und Energie.

Die vierzehnte Schwierigkeit besteht darin, daß eine Gruppe während der Diskussion das Ziel aus den Augen verliert. Während man zu Beginn des Entscheidungsprozesses, vor allem wenn das anstehende Problem exakt definiert wurde, genau weiß, was man erreichen will, verschwimmt diese Zielvorstellung oftmals und macht mehreren ,,Nebenzielen'' Platz; vor allem dann, wenn in einer ausführlichen und fundierten Diskussion das Problem von sehr verschiedenen Gesichtspunkten aus beleuchtet worden ist. Da erscheint dann oft das ursprünglich angesteuerte Ziel gar nicht mehr so erstrebenswert, und Unsicherheit macht sich breit.

Die fünfzehnte Schwierigkeit ist gewissenmaßen ein Navigationsproblem. Heftige Diskussionen, bei denen viele Standpunkte vertreten werden, führen oft zu einer Richtungslosigkeit. Das heißt, die Diskussion verläuft sich in verschiedene Nebenwege und Sackgassen, aus denen dann niemand mehr herausfindet. Hier macht sich das Fehlen eines Chefs bemerkbar, zu dessen Aufgaben es ja gehört, eine Diskussion zielstrebig zu steuern.

Die sechzehnte – und letzte – Schwierigkeit, die ich ansprechen möchte, bezieht sich auf den Abstimmungsmodus. Hier kann man verschiedene Tendenzen beobachten, die in ihrer Auswirkung auf das Ergebnis alle gleich fatal sind. Ich erinnere nur an die Politik der Blockbildung: mehrere Gruppenmitglieder verbünden sich insgeheim, um eine ihnen genehme Entscheidung durchzudrücken. Oder an die Neigung zum Kompromiß, der in Gruppen erfahrungsgemäß viel ausgeprägter in Erscheinung tritt als beispielsweise bei Zweier-Verhandlungen. Man ist irgendwann des ewigen Diskutierens müde und stimmt erleichtert einem mehr oder weniger faulen Kompromiß zu, um das Thema endlich vom Tisch zu haben.

7.4 Das Problem des Gruppendrucks

Im Zusammenhang mit dem Abstimmungsmodus ist auf ein weiteres gruppeninternes Problem zu verweisen, das in der Praxis eine nicht unerhebliche Rolle spielt. Ich meine das Problem des Gruppendrucks.

Nun gibt es ja in jeder neu zusammengestellten Gruppe einen Individualisten, der glaubt, Entscheidungen nur aufgrund sachlicher Erwägungen befürworten zu können. Nehmen wir einmal an, dieser Mensch sei der Meinung, daß die gesamte übrige Gruppe eine spezielle Information ganz falsch bewerte und deshalb auf dem besten Wege sei, eine krasse Fehlentscheidung zu treffen. Unser ,,Greenhorn'' beschließt also, gegen die Gruppe mit allen Mitteln zu opponieren. Denn schließlich muß sich die Vernunft durchsetzen! Was passiert diesem Menschen?

Er wird, um es vorwegzunehmen, in einem vierstufigen Prozeß ,,niedergemacht'' – und zwar für alle Zeiten! Und warum verhält sich die Gruppe einem Abweichler gegenüber so radikal? Ist das alles eine Art teuflischen, boshaften Verhaltens, um die sadistischen Bedürfnisse der Gruppenmitglieder zu befriedigen? Üblicherweise nicht. H. Leavitt schildert und begründet (in ,,Grundlagen der Führungspsychologie'') diesen Vorgang so:

Wenn wir uns einmal an die Zeit zurückerinnern, als wir selbst ein Mitglied der Mehrheit waren, gelingt es uns vielleicht, die andere Seite der Münze zu erkennen. Hier ist eine Gruppe, die versucht, eine Aufgabe zu erfüllen. Dieses Ziel zu erreichen hängt zu einem großen Teil davon ab, daß alle Mitglieder der Gruppe echte Übereinstimmung und den Willen zur Kooperation zeigen.

Aber schließlich gibt es ja noch eine Uhr und andere Zwänge, die von der Umwelt auf die Gruppe ausgeübt werden.

Wir greifen das Problem guten Mutes auf, versuchen zu kooperieren, zu verstehen, wir versuchen eine Lösung zu finden, die allen gerecht wird, und das alles in vernünftiger Zeit. Und wir kommen einer Antwort ziemlich nahe. Es hat den Anschein, als könne jeder zustimmen – außer diesem Typ da drüben. . .

Was sollen wir tun? Als vernünftige Menschen überrollen wir nicht gleich jemand, der anders denkt als wir. Wir hören ihm zu und bitten ihn, daß er auch uns zuhört. Wir gehen also durch das Ritual. Wir setzen uns mit ihm durch Fragen auseinander. Aber es hilft nichts; es sieht so aus, als ob er einfach nicht in der Lage wäre, unseren Standpunkt zu begreifen. Die Zeit verrinnt.

Was kommt als Nächstes? Wir versuchen nun, auf der Basis von Emotionen, an ihn zu appellieren, wir sprechen über Anstand und Loyalität. Wir bitten ihn fast, uns zuzustimmen. Es fällt uns nicht leicht, aber wir wollen die Aufgabe erfüllen und ihn nicht verletzen. Wir bitten ihn dringend, sich uns anzuschließen, mit uns zu gehen, die starke Front zu erhalten. Aber selbst jetzt weigert er sich stur.

Was nun? Jetzt schlagen wir ihn. Jetzt sind wir wirklich sauer auf ihn, jetzt zeigen wir es ihm. Wenn wir uns alle auf ihn stürzen, wird er vielleicht vernünftig genug, sich endlich anzupassen. Und die Uhr läuft weiter. Aber der dumme, sture Idiot gibt immer noch nicht auf.

Was jetzt? Nun, jetzt müssen wir wohl oder übel den Schritt einleiten, der für uns ebenso schmerzlich ist wie für ihn. Wir müssen ihn aus der Gruppe entfernen. Wir müssen ein Mitglied unserer Gruppe amputieren. Wir sind zwar nicht mehr vollständig, nicht mehr intakt, aber zumindest in der Lage, einen Schlußpunkt zu setzen. Diese Gruppe kann mit diesem widerspenstigen, sturen, unmöglichen Mitglied keine Gruppe bleiben. Um sie zu schützen, bleibt uns keine andere Wahl, als ihn abzuschneiden.

Wenn wir es aus dieser Perspektive betrachten, erscheint uns der Abweichler gar nicht mehr so sehr als ein Held. Viele der komplexen Aufgaben in dieser Welt werden von Gruppen übernommen. Wenn eine Gruppe auf ein Individuum Druck ausübt, muß das nicht gleichzeitig eine zufällige Machtausübung bedeuten, sondern kann als eine Anzahl verzweifelter Anstrengungen gesehen werden, die Gruppe zusammenzuhalten, um die Aufgabe erledigen zu können.

Verehrte Leserinnen und Leser. Ich beende hiermit meine — zugegebenermaßen subjektive — Auswahl von Schwierigkeiten, die bei Entscheidungsprozessen in autonomen Gruppen auftreten können. Ich möchte zur

Thematik dieses Kapitels abschließend feststellen:

Obwohl sich seit Jahrzehnten Psychologen und Soziologen von internationalem Ruf, wie beispielsweise Lewin, Bales, Bion und Pagès, bemüht haben, Licht in das Halbdunkel gruppendynamischer Prozesse zu bringen, steht die Gruppen-Forschung immer noch am Anfang ihres Weges. Allen redlichen Bemühungen zum Trotz ist es bisher nicht gelungen, allgemein gültige Gesetzmäßigkeiten für den Ablauf zwischenmenschlicher Beziehungen in Gruppen herauszukristallisieren. Feststeht nur eines: Alle bisherigen Versuche, Test- oder Studiengruppen zu bilden, die es lernen, kontinuierlich gute Entscheidungen zu produzieren, sind gescheitert. Genau wie die praktischen Versuche in Industrie und Wirtschaft. Die ,,selbststeuernde Gruppe'', die beständig brauchbare Entscheidungen fällt, ist eine Utopie! Und es besteht nicht der geringste Anhaltspunkt dafür, daß autonome Gruppen bessere Entscheidungen produzieren als einzelne Chefs mit durchschnittlichen Führungsqualitäten! Und diese Erkenntnis ist wissenschaftlich fundiert, nota bene!

Leider sind manche Theoretiker und ,,Berater'', die autonome Gruppen als die bessere Alternative für unsere Arbeitswelt fordern, noch nicht ausgestorben. Diese Typen sind genauso festgelegt wie seinerzeit die Nazis, die die Relativitätstheorie des Juden Einstein ignorierten. Genauso entschlossen wie die oberste Naziführung halten einige ,,Intellektuelle'' an den anachronistischen Lehren eines Karl Marx fest, die schon in den Prämissen falsch gewesen sind; und die sich im kontinentalen

Modell der russischen ,,Räte-Union'' während eines Zeitraumes von 70 Jahren selbst ad absurdum geführt haben. Und falls Sie, verehrte Leser, meinen, der Vergleich mit bolschewistische Räten sei arg weit hergeholt, so darf ich entgegnen: beide, ,,Räte'' wie ,,Autonome Gruppen'', gehen von einer falschen Voraussetzung aus: nämlich vom ,,mündigen Menschen'', der sich in einer führerlosen Gruppe bewähren könnte. Jedoch: Diesen mündigen Menschen gibt es nicht! Vielleicht fragen Sie im Jahre 3000 mal wieder nach ihm . . .

8. Kapitel:
Die Legende
von Kain und Habel

8.1 Die Macht des Erbgutes

Als Adam und Heva vom Baum der Erkenntnis gegessen hatten, wurden sie aus dem Paradies vertrieben und ernährten sich kärglich von den Früchten des Feldes. Die einzige Freude, die ihnen nach der Vertreibung geblieben war, war das sexuelle Vergnügen; denn als sie den Apfel gegessen hatten, entdeckten sie − außer ihrer Nacktheit, das heißt ihrer Geschlechtlichkeit − auch die sexuelle Lust.

Zunächst gebar Heva Zwillinge, nämlich den Kain und seine Schwester. Danach bekam sie nochmals Zwillinge, nämlich den Habel und seine Schwester. Als die Mädchen mannbar geworden waren, vermählten sich die Brüder mit ihnen.

Nun entwickelten sich die Brüder in vollkommen verschiedener Weise. Habel wurde Hirte, weidete die Schafe und lebte mit seiner Frau, die eine Schönheit war, unbeschwert in den Tag hinein.

Kain hingegen wurde Bauer. Er arbeitete hart und entrang dem Boden unter unsäglichen Mühen die Frucht. Er verschwendete auch nicht allzu viel Zeit auf Dank-

175

opfer zu Ehren Gottes, im Gegensatz zu Habel. Offensichtlich war er der Meinung, daß das Errichten eines Altars aus Feldsteinen und die ganze Opferzeremonie reine Zeitvergeudung seien. Allmählich entfremdete sich Kain seinem Bruder. Er ärgerte sich über dessen sorgloses Leben, neidete ihm seine bildhübsche Frau und mißgönnte ihm die Liebe seines Vaters, der den ,,wohlgeratenen" Habel bevorzugte.

Eines Tages forderte Adam seine Söhne auf, Gott ein Dankopfer darzubringen. So errichteten sie denn nebeneinander je einen Altar aus Feldsteinen, um von den Früchten ihrer Habe ein Feueropfer zu bringen: Kain von den Früchten des Feldes, Habel von den Jungtieren seiner Herde.

Nun war dem Schöpfer des Menschengeschlechtes, der wegen ihres ersten Ungehorsams über Adam und Heva noch immer enttäuscht war, die Unbotmäßigkeit Kains ein Dorn im Auge. Er wünschte Menschen von der Art des Habel, die seine Gebote einhielten und die Welt so in Besitz nahmen, wie sie war. Kain hingegen tat genau das Gegenteil: er gestaltete die Erde um, führte Flurgrenzen ein und zankte sich mit Habel, wenn dieser seine Herden auf Kains Grund weiden ließ. So beschloß der zürnende Vater-Gott, dem Kain eine Warnung zukommen zu lassen. Aus diesem Grunde nahm er Kains Opfer nicht an.

Kain reagierte echt menschlich. Eingenebelt vom Gestank des Rauches, der aus seinem brennenden Getreide kam, mit nässenden Schleimhäuten und tränenden Augen, näherte er sich dem Altar seines Bruders. Dieser stand, der aufsteigenden Rauchsäule nachblickend, gelöst vor dem Opfertisch – ein Bild des Friedens und der Selbstzufriedenheit. Da brach Kain einen Streit mit Habel vom Zaun und beendete ihn alsbald, indem er einen Stein von seines Bruders Altar aufhob und Habel damit erschlug.

Als Gott den Kain pro forma nach dem Verbleib seines Bruders fragte, antwortete dieser mit der Gegenfrage, ob er dessen Hüter sei. Seit dieser Zeit gelten Gegenfragen von seiten der Kinder als ungezogen. Im übrigen machte sich Kain nicht allzu viel aus dem Fluche des zürnenden Gottes. Er nahm die Rüge zur Kenntnis und fuhr fort, die Welt in seinem Sinne umzugestalten.

Bei dem jüdischen Historiker Joseph ben Mathitjahu, genannt Flavius Josephus, der zwischen 37 und 100 nach Christus lebte, liest sich Kains Tätigkeit so:

Die bisherige Einfachheit der Lebensweise veränderte er durch Erfindung von Maß und Gewicht und verkehrte die Unschuld und Arglosigkeit des Wandels sowie den Adel des Geistes in Verschlagenheit und Pfiffigkeit. Er war der erste, der der Feldmark Grenzen setzte, eine Stadt erbaute, sie mit Mauern befestigte und die Hausgenossen zwang, zusammen zu wohnen. Diese Stadt nannte er nach Anoch, seinem ältesten Sohne.

Dieses Zitat habe ich dem Buche Leopold Szondis „Kain – Gestalten des Bösen" entnommen. Szondi, einer der großen Psychologen der Neuzeit, wird von der

Schulpsychologie konsequent totgeschwiegen, weil er mit seiner „Schicksalsanalyse" Gedanken zur Wirkung des Erbgutes publizierte, die nicht in das Konzept unserer Hochschulleute paßt. (Beispielsweise: Das Erbgut bestimmt die Berufswahl, die Partnerwahl und die Todesart des Menschen, falls dieser Suizid begeht). Auch daß Szondis Erkenntnisse mittlerweile durch die Zwillingsforschung bestätigt worden sind, ändert nichts an dessen Ächtung.

Trotz seiner vielseitigen unternehmerischen Tätigkeit fand Kain stets für ein ausgedehntes Liebesleben Zeit, was ihm von den Hinterweltlern des Seth-Stammes geneidet und übelgenommen wurde. Er zeugte, bis er in einem seiner selbstgebauten Häuser im Alter von 860 Jahren unter herabstürzenden Steinen begraben wurde, fünf Söhne. Davon scheint der letzte, Lamech, ein handwerkliches Genie gewesen zu sein.

Lamech, der sich übrigens als erster zwei Frauen nahm, zeugte mit ihnen drei Söhne, die sich unter Anleitung des Vaters alle zu Spezialisten entwickelten: Jabel stellte die Viehzucht auf ein gewissermaßen wissenschaftliches Fundament, erfand das Zelt und entwickelte das Weiden von Vieh zu einer Kunst. Jubal erfand Harfe und Flöte und begründete somit die Instrumentalmusik. Thubal-Kain schließlich, der dritte Sproß, erfand die Schmiedekunst und entwickelte die ersten Waffen, um dadurch das Jagen zu rationalisieren. Da jedermann erkannte, daß diese Waffen auch zum Töten von Menschen vorzüglich geeignet waren, fürchteten Thubal-Kains Weiber sofort den erneuten Zorn Gottes.

Auch Kains Söhne hielten nicht viel von Dankopfern zu Ehren Gottes. Dementsprechend wird auch die Kains-Linie des Adam-Heva-Geschlechts in den alten Sagen mit den wiederkehrenden Eigenschaften des ,,bösen Triebes'' belastet: Tötende Gesinnung, Räuberei, Gewalttätigkeit, Hab- und Besitzdrang, Verschlagenheit und Pfiffigkeit, Schwelgerei und Lüsternheit. Allerdings sollte man dagegen anrechnen: Dieses Geschlecht, welches so maßlos dem bösen Trieb frönte, baute die erste Stadt, erfand die Viehzucht, die Musikinstrumente, die Waffenschmiedekunst, führte Maß, Gewicht und Grenzbestimmungen zum Schutz des ,,bürgerlichen'' Eigentumsbesitzes ein und legte somit die Grundsteine zu Kapitalismus und Zivilisation. Dem Kainsgeschlecht fehlte indessen das ,,Umgehen mit Gott'', das ,,Ausrufen seines Namens''. Dies geschah erst mit dem Seth-Geschlecht.

Nachdem Kain den Habel erschlagen hatte, gebar Heva wieder einen Sohn, den sie Seth (= Setzling) nannte. Er sollte zum Stammvater eines gottesfürchtigen Geschlechts werden, nachdem von Kain in dieser Richtung offensichtlich nichts zu erwarten war.

Seth zeugte acht Söhne, deren letzter der weltbekannte ,,Noah mit der Arche'' war. Seths erster Sohn, Enoch, entwickelte sich unter der Anleitung der besorgten Stammeltern zu einem Ausbund an Frömmigkeit und Fügsamkeit: Enoch wandelte mit Gott; er haßte die gottlosen Wege seiner Mitmenschen, denn seine Seele hing an Zucht und Wissen. Henoch erfaßte die Gottesfurcht, betete vor dem Herrn und begriff den reinen Namen

Gottes. Er war ein Vorbild in Recht und Barmherzigkeit. Nun führten aber die Menschen ein gottloses Leben, und Henoch sprach zu Gott: „Dies hier ist ein Geschlecht aus eitel Bösewichtern und ist kein Glaube in ihnen. Ich weiß es wohl, Du gedenkest, sie zu verderben; um wessentwillen hast Du mich unter sie gebracht? Siehe, ich sollte der erste meines Geschlechtes sein und haftet mir nichts an von ihrem bösen Treiben; so mache mich nun, Herr aller Welten, zu Deiner Diener eigenem . . .'' Da ward Henochs Leib zu einer Feuerfackel, wie der Leib des Elias, und er ward unter die Engel versetzt.

Obwohl sich also die Seth-Sippe bemühte, ein Leben nach „Gesetz und Ordnung'' zu führen, was ihr scheinbar auch weitgehend gelang, war sie doch gegen einen Faktor machtlos: gegen das Erbgut. Denn offensichtlich hatten bereits Adam und Heva die Anlage zum „Bösen'' in ihrem genetischen Programm — sonst hätte ein Kain gar nicht geboren werden können. Ein Warnsignal, daß die „bösen Triebe'' auch in der Seth-Sippe latent waren, erfolgte in der Gestalt der Zilla. Sie gehörte zu den Töchtern des Kenan, des zweiten Seth-Sohnes. Bei ihr und ihrer Schwester Ada handelte es sich um die bereits erwähnten Mägdelein, mit denen sich der Kain-Sohn Lamech gleichzeitig vermählt hatte. Während Ada dem Lamech alsbald zwei Söhne gebar, nämlich Jabal und Jubal, schonte sich Zilla. Über die Gründe ihres Verhaltens wird folgendes vermutet: Zilla war der Sage nach von einem besonderen Trank lange unfruchtbar, damit sie ihre Gestalt, Schönheit und Anmut bewahrte (heute hätte sie Antibaby-Pillen genommen). Die Weiber, so erzählte die Sage, welche Kinder gebaren, waren ihren Männern zuwider und sahen wie Witwen und Verlassene aus — an den Unfruchtbaren aber hingen die Männer. So ein Weib war auch Zilla. Erst als sie schon alt war, gebar sie ihren Sohn Thubal-Kain und die Tochter Naama.

Szondi verweist am Schluß seines Buches auf Honoré de Balzacs ,,Glanz und Elend der Kurtisanen'', wo sich Balzac mit der Frage auseinandersetzt, ob, beziehungsweise wie man sich mit dem Da-sein der Kainiten abfinden kann. Sein Gedankengang ist folgender: Es gibt die Nachkommenschaft Kains und die Abels. Kain ist im großen Drama der Menschheit die Opposition. Sie stammt in jener Linie von Adam ab, in der der Teufel das Feuer, dessen erster Funke auf Eva geworfen war, weiter angefacht hat. Unter den Dämonen dieser Abkunft finden sich von Zeit zu Zeit Furchtbare, mit weitgespannten Fähigkeiten, die alle menschlichen Kräfte in sich vereinen und jenen fiebergehetzten Tieren der Wüste gleichen, deren Leben der unermeßlichen Räume bedarf, die sich dort finden. Wenn Gott es will, werden diese geheimnisvollen Wesen zu einem Moses, Attila, Karl dem Großen, Mohammed oder Napoleon. Aber wenn er diese riesenhaften Werkzeuge auf dem Grunde des Ozeans einer Generation verrotten läßt, so bleiben davon allenfalls Typen wie Robespierre übrig. Sie sind mit einer ungeheuren Macht über zarte Seelen begabt. Sie locken sie an und zermalmen sie. Das ist in seiner Art groß und schön. Es ist die Giftpflanze mit den reichen Farben, die die Kinder im Wald berückt. Es ist die Poesie des Bösen. Leopold Szondi beschließt sein Buch mit dem Satz:

> Es gibt eine Geschichte, die in der Tat die „Poesie des Bösen" darstellt, nämlich: die Welt-Geschichte.

Aus der Legende von Kain und Abel lassen sich einige Schlüsse ziehen, die auch für uns Heutige bedeutsam sind:

1. Die Macht des Erbgutes läßt sich nicht so einfach verleugnen, wie dies die Verhaltenspsychologen gerne tun.

2. Szondis Erfahrungswert aus der lebenslangen psychotherapeutischen Praxis, daß die Menschheit in 20 % Kainiten und 80 % Abeliten gegliedert sei, ist nicht ohne weiteres von der Hand zu weisen; sie deckt sich auch in etwa mit Adornos Schätzung von 30 : 70 Prozent.

3. Die Abeliten haben sich zu den „Law and order"-Menschen gemausert, die in ihrer Extremform als reaktionäre „Hinterweltler" den Status quo hartnäckig verteidigen. Sie bilden die Kerntruppe der „Rechten" in unserer Gesellschaft.

4. Die Kainiten bilden die Kerntruppen der „Linken". Es sind jene Menschen, die die Welt in ihrem Sinne umgestalten wollen und jede bestehende Ordnung in Zweifel ziehen. In diesem Sinne sind sie das „Salz

der Erde'' und – wie der griechische Prometheus – die Initiatoren allen Fortschritts. Daß die Kainiten, als Sklaven ihres Erbgutes, ab und zu dem ,,Trieb des Bösen'' erliegen und furchtbares Unheil anrichten, halte ich für das kleinere Übel – angesichts der zivilisatorischen und kulturellen Evolution, die wir alle diesem progressiven Menschentyp verdanken.

8.2 Karl Marx: Kainit und ,,Vater aller Linken''

Wir wollen uns jetzt, angesichts des Zusammenbruchs des sowjetischen Imperiums, einem der größten Kainiten der Neuzeit zuwenden, mit dessen Ideen wir uns tagtäglich von neuem auseinandersetzen müssen: Karl Marx. Und zwar aus zwei Gründen:

○ Historiker bewerten die Persönlichkeit eines ,,Großen'', ob Mann oder Frau, nicht nach moralischen Werten, sondern ausschließlich nach der Wirkung, die so ein ,,Großer'' erzielt hat. Nach diesem Maßstab gehört Marx zu den größten Gestalten der Weltgeschichte.

○ Trotz des Zusammenbruches der Sowjetunion, die weltweite Machtverschiebungen zur Folge hat, verbleiben immer noch etwa zwei Drittel der Menschheit unter ,,sozialistischem'' (= marxistischem) Einfluß. Es sind die Bewohner der ,,Dritten Welt'', jener Menschen, die – nach Bert Brecht – „im Dunkeln stehen" und die man deshalb nicht sieht.

Das bedeutet, daß wir uns auch in Zukunft, auch unter einer „US-Weltordnung", mit dem Marxismus auseinandersetzen müssen! Es kann deshalb nicht schaden, wenn Unternehmer und deren Top-Manager, die bekanntlich nichts lesen und nur eine armselige Allgemeinbildung aufweisen, wenigstens ein Mini-Wissen über „Marx und die Folgen" aus der Lektüre dieses Buches mitnehmen. Im übrigen: Sie können, verehrte Leserinnen und Leser, ja den folgenden Absatz überschlagen! Also: Wer war Karl Marx? Was wollte er wirklich?

Der bürgerliche Karl Marx, Sohn eines Trierer Rechtsanwaltes, wurde schon als junger Mensch zu einem „Linken". Er strebte nach der Promotion die reguläre akademische Laufbahn an, wurde aber durch die Zeitläufe daran gehindert. Denn nach dem Regierungsantritt Friedrich Wilhelms IV. (1840) herrschte im Preußischen Kulturministerium ein so reaktionärer Kurs, daß Marx als begeisterter Hegelianer keine Chance für eine ordentliche Professur hatte. (Da könnte man als Bayer versucht sein auszurufen: „Die Preußen sind an allem schuld!"). So mußte Marx auf die akademische Laufbahn verzichten und wurde Journalist. Er ging zur linksbürgerlichen „Rheinischen Zeitung", deren Chefredakteur er 1842 wurde. Da die Zeitung laufend verboten wurde, mußte Marx seine Position schließlich räumen und entschloß sich zur Emigration. Die deutschen Reaktionäre verfolgten ihn mit ihrem Haß sogar ins Ausland, wo sie bei der französischen Regierung intervenierten und seine Ausweisung durchsetzten. So gelangte er über Belgien nach England, wo man ihn ungeschoren arbeiten ließ. Mit seinem Freunde Engels übrigens, ohne dessen finanzielle Unterstützung er gar nicht an seinem Werk hätte arbeiten können.

Marx ist ohne Hegel nicht zu verstehen. Ursprünglich begeisterter Hegelianer, wurde er im Laufe der Zeit zu dessen Antipoden. Dies zeigt sich in aller Deutlichkeit darin, wie er mit der Hegelschen Dialektik verfährt. Er behält sie zwar als Methode bei; aber er dreht ihren Inhalt um genau 180 Grad herum, wodurch sie, nach Marx' Ansicht, erst vom Kopf auf die Füße zu stehen kommt. Das heißt: Marx sieht in der Dialektik das revolutionäre Prinzip. Ihr Grundgedanke ist, daß die Welt nicht ein Komplex von fertigen Dingen, sondern von Prozessen ist. Es besteht nichts Endgültiges und Absolutes. Es gibt nur den ununterbrochenen Prozeß des Werdens und Vergehens.

Ein weiterer Widerspruch zu Hegel ergab sich aus der Hegelschen Konzeption der ,,Idee''. Für Hegel war die Idee das eigentlich und allein Existierende (wie bei Plato), die Materie nur eine Erscheinungsform der Idee. Das ganze Problem läßt sich, aus rein philosophischer Sicht, in folgender Frage zuspitzen: ,,Ist die Materie ein Produkt des Geistes (Idealismus) oder der Geist ein Produkt der Materie (Materialismus)?'' Diese Frage beantwortete Marx kurz und bündig: ,,Für mich ist das Ideelle nichts anderes als das im Menschenkopf umgesetzte und übersetzte Materielle.''

Nun gab es ja vor Marx schon Materialisten. An ihnen kritisiert er vor allem, daß ihr Materialismus zu abstrakt sei; weil er das menschliche Wesen losgelöst von den gesellschaftlichen Verhältnissen sah, dessen Produkt es doch ist. Für Marx kommt es darauf an, den dialektischen Materialismus auf das gesellschaftliche Leben anzuwenden; und zwar nicht nur theoretisch, um es zu erkennen oder zu interpretieren, sondern um es zu verändern!

Eine weitere Diskrepanz zu Hegel ergab sich in Marx' Einstellung zur Arbeit des Menschen, dem ,,Tier, das sich selbst produziert''. Hegel hatte zwar auch schon gesagt, daß die Arbeit das Wesen des Menschen in sich fasse — was Marx ausdrücklich anerkennt. Aber Hegel, bei dem sich alles nur um ,,die Idee'' drehte, sah auch die Arbeit nur als abstrakte Gedankenarbeit. Marx sah die Arbeit viel wirklichkeitsnäher. Und er stellte fest, daß die tägliche Arbeit um des Broterwerbs willen den Menschen überwuchere und ihn an der Verwirklichung seiner wahren Bestimmung hindere. Diese Bestimmung heißt Freiheit.

Diese Einengung der Freiheit läßt sich besonders signifikant an der Erscheinung des Staates nachweisen. Denn der Staat tritt der Gesellschaft als Selbstzweck gegenüber. Dem stellt Marx seine ,,wahre Demokratie'' gegenüber, bei dem Mensch-sein und Bürger-sein eins sind.

Auf dieser philosophischen Basis entwickelte Marx nunmehr seine Lehre vom historischen Materialismus. Er zeigt sich dabei als ein ,,großer Vereinfacher'', der seine Thesen nahezu in Form moderner Werbe-Slogans unter die Leute bringt; wahrscheinlich sind sie deshalb so eingängig; und haften − besonders bei unbedarften Gemütern − so fest; wobei die ständige Wiederholung dieser Slogans dem Hypnose-Effekt entspricht, den schon der alte Coué vorexerziert hat. Nur so ist es psychologisch zu erklären, warum heute immer noch so viele Menschen den Marxschen Ideen anhängen.

8.3 Die Ideen des Karl Marx

Wir wollen diese Marxschen Ideen, denen Linke weltweit anhängen, hier einmal stichwortartig zusammenfassen:

1. Für den Materialismus ist die Materie das allein Wirkliche. Das bedenkende Bewußtsein ist nur ein Spiegel dieser Wirklichkeit.

2. Um die treibenden Kräfte im gesellschaftlichen Leben zu erkennen, darf man nicht auf Ideen und Theorien sehen. Diese sind nur Spiegelbilder, ,,ideologischer Überbau'' der Wirklichkeit. Man muß die materielle Basis des gesellschaftlichen Lebens aufsuchen. Wie die Lebensweise der Menschen, so ist ihre Denkweise. Oder, als Slogan formuliert: ,,Das Sein bestimmt das Bewußtsein.''

3. Das bestimmende Element des gesellschaftlichen Lebens ist die Produktionsweise der materiellen Güter.

4. In der Güterproduktion wirken zwei Faktoren zusammen:

   a) die materiellen Produktivkräfte (Rohstoffe, Maschinen und die Arbeitsfertigkeit der arbeitenden Bevölkerung);

   b) die Produktionsverhältnisse (das heißt, die Verhältnisse der Menschen untereinander in der Produktion).

5. Die Produktionsverhältnisse werden weitgehend vom Eigentum bestimmt; das heißt, die Eigentümer von Grund und Boden, Maschinen etc. waren dem Arbeiter gegenüber immer im Vorteil. Der Lohnarbeiter muß sich deshalb verkaufen wie eine Ware, um leben zu können.

6. Die Produktivkräfte haben im Laufe der Zeit große Veränderungen erfahren; man vergleiche nur die einfache Tätigkeit von Sklaven des Altertums mit der komplizierten Tätigkeit heutiger Industriearbeiter; daraus leitet Marx die Forderung ab, daß sich die Produktionsverhältnisse früher oder später dem Stand der Produktivkräfte anpassen müßten. Im Klartext: die qualifizierten Industriearbeiter müßten nicht nur (tariflich) entlohnt, sondern auch an den Produktionsmitteln beteiligt werden. Geschieht das nicht, so wird der Produktionsprozeß gestört; es kommt zu Krisen.

7. Geschieht der Anpassungsprozeß von Produktionsverhältnissen an die Produktivkräfte nicht, kommt

es zu Klassenkämpfen. Alle bisherige Geschichte ist deshalb eine Geschichte von Klassenkämpfen („Kommunistisches Manifest").

8. Alles, was in einer Gesellschaft sonst noch relevant ist (zum Beispiel politische und juristische Verhältnisse, Kunst, Philosophie, Religion), ist nur „ideologischer Überbau", der sich langsam oder rascher mit den Veränderungen der wirtschaftlichen Grundlagen mit umwälzt. Mit anderen Worten: die wirtschaftlichen Grundlagen von Gesellschaften sind der Ursprung jeder „Ideologie". Denksysteme und Anschauungen sind ausschließlich ein Spiegelbild der gesellschaftlichen Situation.

9. Demnach hat jede Klasse ihre eigene Ideologie. Der Kampf der Theorien ist nur das Abbild des sozialen Klassenkampfes. Die reaktionären Ideologien der herrschenden Klassen ringen mit den fortschrittlichen Ideologien der aufstrebenden Klassen.

Marx, der ohne Zweifel ein genialer Mensch gewesen ist, hat sich im Verlaufe seiner Studien vom analysierenden Wissenschaftler zum „einspurigen" Demagogen gewandelt. Abgesehen davon, daß er ein Kind seiner Zeit gewesen ist und sich natürlich an den derzeitigen frühkapitalistischen Gesellschaftsverhältnissen orientierte, stand ihm ja auch nicht die Fülle der Informationen zur Verfügung, die jeder heutige Wissenschaftler auswerten kann. Von der willfährigen Statistik ganz zu schweigen. Als geistiges Oberhaupt der 1864 gegründeten „Ersten Internationale" wurde Marx immer einseitiger und wollte, wie alle fanatischen Ideologen, jene Dinge gar nicht mehr wahrnehmen, die nicht in sein Konzept paßten. So vereinfachte er immer mehr und sah schließlich den Klassenkampf nur noch als eine Auseinandersetzung von zwei Klassen: den Kapitalisten, die im Besitz der Produktionsmittel sind; und den Proletariern, die nur ihre Arbeitskraft besitzen und von den Kapitalisten ausgebeutet werden.

Die Ausbeutung geschieht mittels des sogenannten Mehrwertes. Der Arbeiter schafft nämlich mit seiner Arbeit mehr an Werten, als er als Lohn ausgehändigt bekommt. Als Arbeitsentgelt erhält er gerade so viel, wie nötig ist, um den Kapitalisten seine Arbeitskraft zu erhalten. Da er auf den Verkauf seiner Arbeitskraft angewiesen ist, muß er diese Bedingungen hinnehmen. Der von ihm produzierte Mehrwert fließt den Kapitalisten als Profit zu.

Nunmehr überwältigte den alternden Marx das pure Wunschdenken: Aus den regelmäßig wiederkehrenden Krisen der kapitalistischen Gesellschaft zieht er den Schluß, daß der kapitalistischen Produktionsweise die Voraussetzungen zu einer sozialistischen Gesellschaftsordnung bereits immanent seien. Durch die Zusammenballung von Arbeitermassen in gewaltigen Konzernen untergrabe der Kapitalismus seine – auf Privateigentum an den Produktionsmitteln beruhende – Grundlage. Der Produktionsprozeß erhalte gewissermaßen einen gesellschaftlichen Charakter. Und dieser gesellschaftliche Charakter erfordert gesellschaftliches Eigentum an den Produktionsmitteln.

Mit anderen Worten: Die Übereinstimmung zwischen Produktivkräften und Produktionsverhältnissen muß durch die Vergesellschaftung der Produktionsmittel, durch die „Expropriation der Expropriateure", zugunsten der Gesellschaft hergestellt werden. Diese Expropriation aber ist die weltgeschichtliche Aufgabe des Proletariats. Und jetzt folgt Marx' Flucht in die Utopie: Ist die Enteignung erst einmal durchgeführt, wird nie mehr ein neuer Klassenkampf an die Stelle des alten treten. Die sozialistische Gesellschaft wird vielmehr, da die Produktionsmittel allen gemeinsam gehören, von Klassenkampf und Ausbeutung überhaupt frei sein — sie wird eine klassenlose Gesellschaft sein!

Worin besteht der Denkfehler von Marx und seinen Epigonen? Darin: Die Umverteilung des vorhandenen Reichtums bringt keine Lösung, wie die russische Revolution 1917 bewiesen hat. Die wohlhabenden Klassen sind nicht bereit, ihren Besitz aufzugeben; er müßte ihnen mit Gewalt genommen werden. Außerdem geht enteigneter Reichtum nutzlos zugrunde — so nutzlos, wie Tausende Tonnen Getreide in den Lagerhallen von unterentwickelten Ländern, die infolge von Unfähigkeit verrotten. Jede Umverteilung setzt notwendig Revolution, ja Kriege voraus. Und selbst wenn jene Kriege für jene, die sie begonnen haben, erfolgreich ausgehen — wofür keinerlei Garantie besteht —, können sie doch nicht mehr erhoffen als eine Gleichheit des Elends nach sowjetischem Muster, ausgenommen natürlich die Mitglieder der herrschenden Klasse, die immer oben sind.

Da wir zur Zeit die Auflösung der Sowjetunion aus

nächster Nähe beobachten können, sei einmal im Telegrammstil an den Anfang des bolschewistischen Staates und sein Führungssystem erinnert:

1918 Auf dem V. Allrussischen Sowjetkongreß wird die Verfassung der ,,Russischen Sozialistischen Förderativen Sowjetrepublik'' (RSFSR) angenommen. Sie setzt das System der Räte fest. Die lokalen Räte (Sowjets) werden direkt gewählt. Die nächsthöheren provinzialen Sowjets bis hinauf zum Allrussischen Zentralsowjet werden indirekt aus den jeweils nächstunteren Sowjets gewählt. Das oberste Regierungsorgan ist das aus dem Allrussischen Sowjetkongreß delegierte Zentralexekutivkomitee.

1921 X. Parteitag: Lenin setzt eine ,,Resolution über die Einheit der Partei'' durch. Ablehnung ,,jeder Art Abweichung von der streng konsequenten kommunistischen Linie''.
Damit war, nach nur knapp drei Jahren, das Rätesystem gestorben!

Was können wir, verehrte Leserinnen und Leser, aus dem ,,Lehrstück der marxistisch fundierten Sowjetunion'' erkennen? Und möglicherweise bei der Führung moderner Großunternehmen verwerten? Meiner Meinung nach folgendes:

○ Zur erfolgreichen Führung einer großen Institution, sei sie politisch oder wirtschaftlich orientiert, ist zunächst und als wichtigster Faktor das Vorhandensein einer ,,Idee'', einer ,,Vision'' erforderlich.

○ Es bedarf eines Menschen, einer enthusiastischen Persönlichkeit (ob Mann oder Frau), die diese Vision vorlebt.

○ Die Vision muß, in Wort und Bild, jahrelang allen Mitgliedern einer derartigen Institution leidenschaftlich gepredigt werden.

○ Es muß, aus begabten und für die Vision motivierten Mitarbeitern so etwas wie das ,,Rückgrat der Armee'', das heißt ein ,,Unteroffizierskorps'' beziehungsweise ein ,,Mittel-Management'', herangezogen werden.

○ Führungsverantwortung sollte soweit wie möglich nach unten delegiert werden.

○ Das wichtigste Kriterium eines wie immer gearteten Führungsstiles muß heißen: keine Partner nach demokratischem Muster! Der Führer, der Verantwortung trägt, ganz gleich auf welcher Ebene, entscheidet nach Anhörung seiner Mitarbeiter allein!

○ Für Projektgruppen (,,ad hoc''-Gruppen) ohne offiziellen Führer muß ein ,,Berichterstatter'' bestimmt werden, der für die Dauer des Projektes, in vorher zu vereinbarenden zeitlichen Intervallen, ,,nach oben'' berichtet.

8.4 Die Zeit des Umbruchs — und deren Konsequenzen

Wir leben, wie uns Astrologen versichern, in einer Zeit des Umbruchs: nämlich auf der Wende vom Fische- zum Wassermannzeitalter. Als Folge wird sich die Menschheit künftig in einer blitzartigen und sprunghaften Weise durch die Geschichte bewegen, von einem Extrem zum anderen wechselnd, heute verdammend und niederreißend, was gestern als höchster Wert gegolten hatte. Durch solch mörderische Weise wird die Menschheit zu einem ungeheuren Verschleiß von Ideen, Ideologien und Idealbildern, Moden, Stars und Führergestalten genötigt. Das Unterste wird buchstäblich nach oben gekehrt; neue Weltbilder, neue Sinndeutungen des Lebens und neue Weltordnungen bestimmen das Denken und Handeln der von Uranuskräften angetriebenen Menschheit.

Soweit die Astrologen. Ob Sie nun, verehrte Leserinnen und Leser, an die Astrologie glauben oder nicht — Tatsache ist, daß wir in einer Umbruchszeit leben. Darauf weisen im übrigen — seit 20 Jahren! — international anerkannte Autoren hin, wie Fridjof Capra, Marilyn Ferguson, Alvin Toffler und Ken Wilber.

Nun, was sind einige ,,Highlights'' unserer Umbruchszeit?

○ Die Welt wird im Wassermannzeitalter, also während der kommenden 2 100 Jahre, eine Explosion des menschlichen Geistes erleben.

○ Der Mensch wird nach den Sternen greifen und in seiner durch kein verbindliches Wertsystem gebremsten Maßlosigkeit Katastrophen hervorrufen, wie sie bisher auf unserem Planeten unbekannt und unvorstellbar waren.

○ Diese Maßlosigkeit im Physischen wird Auswirkungen im psychischen Bereich haben: „Spinnereien" aller Art, bis hin zur kollektiven Schizophrenie, werden unseren Alltag beherrschen.

○ Bisherige Zusammenschlüsse, von der Familie bis zu politischen Parteien, werden auseinanderfallen; weil ihnen das innere Gefüge verloren gegangen ist. Statt dessen werden sich viele einzelne in Bünde jedweder Art integrieren: dort sind sie „behaust", ohne ihre Individualität aufgeben zu müssen.

○ Ideologien und Religionen haben sich verbraucht, da sie, mangels charismatischer Führer, nicht die Kraft haben, anachronistische Dogmen zu modifizieren und dadurch ihre Mitglieder erneut an sich zu fesseln. Deshalb haben Sekten aller Art einen ungeheuren Zulauf.

○ Das Verschwinden der kommunikativen Harmonie unter den Menschen ist nur ein Zeichen für das Absterben von Harmonie und Schönheit überhaupt, vor allem in der Kunst. Die Kunst, die ihre Mitte verloren hat, wird von der Häßlichkeit übermannt werden, die sich allüberall ausbreitet. Schon die nächste Generation wird mit dem Begriff „Aesthetik" nichts mehr anzufangen wissen.

○ Fazit: Die Parole des Wassermannzeitalters scheint „Auflösung des Bestehenden" zu heißen – wobei bisher niemand auch nur ahnt, wohin nach dieser Destruktion marschiert werden soll. So ist zu befürchten, daß die Massenmenschen jedem nachlaufen werden, der mit klarer Stimme irgendeinen Befehl gibt; und daß die sich selbst so bezeichnenden Individualisten nach verschiedenen Richtungen auseinanderlaufen werden – irgendwohin . . .

Kehren wir nochmals zu den „Sozialistischen Gesellschaften" zurück. Genau den astrologischen Prognosen entsprechend, löst sich beispielsweise die Sowjetunion auf. Der Staat zerfällt in seine (teilweise religiös bestimmten) Einzelteile, und weder Gorbatschow noch Jelzin haben, wie es zur Zeit (Januar 92) aussieht, eine überzeugende Vision oder die Macht, diesen Zerfall zu stoppen. Und wir ungeheuer tüchtigen „Besser-Wessis" werden die ehemalige Sowjetunion und deren östliche Satelliten vor dem Hungertod bewahren müssen. Als Selbstschutz . . .

In China versuchte seinerzeit Mao, die inneren Schwierigkeiten zu überspielen, indem er die „Kulturrevolution" auslöste – mit Hilfe seiner Frau, der Anführerin der „Viererbande". Und da Mao erkannt hatte, daß er die Problematik dieses Milliardenvolkes nicht in den Griff bekommen werde, propagierte er die „permanente Revolution" und prophezeite, daß noch unzählige Kulturrevolutionen „in den nächsten 1 000 bis 10 000 Jahren" folgen würden.

Nach Maos Tod übernahm die Altherren-Riege seiner engeren Mitarbeiter die Macht. Daß diese ,,Beton-Köpfe'' sich noch halten können, verdanken sie zwei Umständen:

○ Den chinesischen Bauern geht es seit Mao besser als vorher. Da 80 Prozent der Bevölkerung auf dem Lande leben, droht der Regierung von den Bauern keine Gefahr. Im übrigen ,,machen sie in Familie'' und zeugen mehr Kinder, als der Staat erlaubt – nämlich auf alle Fälle so lange, bis ein Sohn geboren worden ist.

○ Die Intellektuellen und Studenten der Stadtbevölkerung wurden, als sie den Aufstand probten, nach ,,bewährtem Muster'' auf dem ,,Platz des himmlischen Friedens'' niederkartätscht. Nach Teilnehmern an jener ,,historischen'' Demonstration wird heute, zwei Jahre nach dem ,,Ereignis'', noch gefahndet. Und der Westen, natürlich auch wir Deutschen, macht seine Geschäfte nach wie vor mit dem ,,roten'' China. Ob ich einen Saddam Hussein beliefere oder die rote Tyrannis in China – was macht den Unterschied? Geld stinkt nicht, Blut auch nicht . . .

Fazit: Alle großen ,,Sozialistischen Staaten'' haben sich überlebt und stellen für die westliche Welt keine Bedrohung mehr dar. Indessen ist ,,der Marxismus'' nicht tot, da er den meisten Völkern der ,,Dritten Welt'' noch immer als Anti-Hunger-Vision vorschwebt. Aber: In keinem der noch existierenden sozialistischen Staaten haben ,,Räte'', sprich ,,autonome Gruppen'', jemals eine

Rolle gespielt. Die Tier- wic die Menschenwelt auf diesem Planeten ist in Hierarchien gegliedert, wo, wie es so volkstümlich und klar heißt, „der Ober den Unter sticht".

8.5 Zusammenfassung

Fassen wir die bisher aufgezeigten Gedankengänge dieses Buches zusammen, so läßt sich folgende Quintessenz herausarbeiten:

1. Der Mensch ist von seinem Erbgut und von seiner Umwelt geprägt. Die meisten Menschen sind dadurch in einer Art und Weise „programmiert", aus der sie ohne fremde Hilfe nicht herauskommen.

2. Mindestens zwei Drittel der Menschen unseres abendländischen Kulturkreises gehören zur Spezies „Hinterweltler". Das heißt: sie sehnen sich aus dem Unterbewußtsein nach einem starken Führer, der ihnen die Entscheidungen und die Verantwortung dafür abnimmt. Von Eigeninitiative oder dem „Drang nach Selbstverwirklichung" kann keine Rede sein. Der „mündige Staatsbürger" ist eine Illusion.

3. Etwa ein Fünftel der Menschen unseres christlich-jüdischen Kulturkreises zählt nach Leopold Szondi zu den „Kainiten". Sie sind die echten Progressiven, die „wirklichen Linken", denen wir allen Fortschritt, alle zivilisatorischen und kulturellen Entwicklungen

zu verdanken haben. Daß einzelne von ihnen dem „bösen Trieb" erliegen und furchtbares Unheil anrichten, ist meines Erachtens — angesichts der positiven Gesamtleistung der Kainiten für die Menschheit — vertretbar.

4. Daß die dynamischen Kainiten an allen Schalthebeln in Politik, Wirtschaft und Wissenschaft sitzen, ist logisch. Es ist nicht einzusehen, warum man ihnen alle Macht beschneiden und diese Macht den unbedarften und zu ihrer Handhabung gar nicht befähigten ineffektiven Hinterweltlern übertragen sollte.

5. Daß die Menschen nicht gleich sind, ist erwiesen. Daß sie in unserem Staate vor dem Gesetz gleich sind, ist — cum grano salis — ebenfalls eine Tatsache. Schließlich leben wir in der fortschrittlichsten Demokratie, die die Welt zur Zeit aufzuweisen hat. Nicht einmal die Bürger der USA genießen mehr persönliche Freiheit als die Deutschen.

6. Daß man die fähigen, dynamischen Typen, die heute unsere Wirtschaft leiten, quasi mit Gewalt dem Niveau der „Allzuvielen", der „Fabrikware der Natur" anpassen soll, ist nicht einzusehen. Darauf laufen indessen alle Versuche hinaus, mehr „Mitbestimmung" in den Unternehmen durchzusetzen. Wohin dies führt, zeigen die Lehrstücke „Neue Heimat" und „Co-op".

7. Die Lehre von Karl Marx hat in keinem sozialistischen Land zu jener utopischen kommunistischen Ge-

sellschaft geführt, die „klassenlos" ohne staatlichen Überbau funktioniert und den Menschen ein Höchstmaß an persönlicher Freiheit und Selbstbestimmung beschert. Im Gegenteil: In all diesen Ländern werden die „werktätigen Massen" von einer allmächtigen Partei geknebelt und ausgebeutet; sie werden, mittels der Illusion von einem zukünftigen „Paradies der Werktätigen", um die Gegenwart, das heißt um ihre einmalige Lebenschance, betrogen.

8. Der Maoismus, als konsequente Weiterentwicklung der Marxschen Lehre, ist die schlimmste Entgleisung auf dem Wege zur Humanität. Denn in China wird ein 1,1-Milliarden-Volk zu Robotern gemacht, die ohne den geringsten Anspruch auf persönliche Selbstverwirklichung nach der Pfeife von Partei, Geheimdienst und Armee tanzen müssen.

9. Eines haben übrigens die letzten Jahre wieder einmal eindeutig ergeben: Die Macht verträgt kein Vakuum. Deshalb wird es immer Führungskämpfe geben, bis sich ein dominanter Typ endgültig etabliert hat. Das gilt für Staaten wie für „autonome" Gruppen . . .

9. Kapitel:
Macht und Menschenwürde

9.1 Eine schicksalhafte Dreiecksbeziehung

Um „glasklar" herauszuarbeiten, worum es mir in diesem Buche geht, erlaube ich mir, Ihnen, verehrte Leserinnen und Leser, ein Diagramm vorzulegen, das wesentliche Zusammenhänge offenlegt:

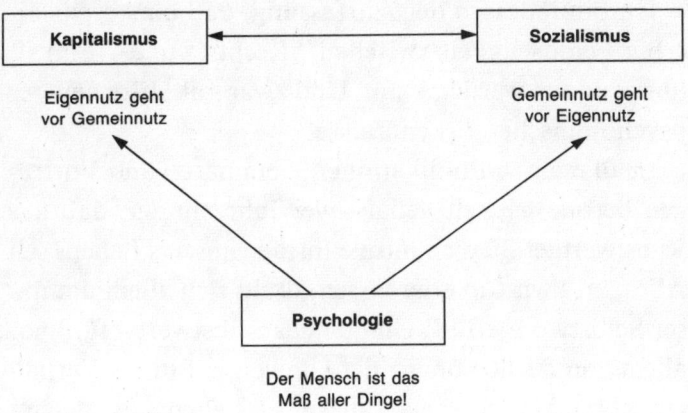

Legende zu diesem Diagramm:

Es gibt in dieser Menschheit, der wir angehören, zwei Antipoden, die sich traditionell befehden: die Kapitalisten und die Sozialisten. Und wenn man die Geschichte der letzten 200 Jahre studiert, muß man als unvoreingenommener Betrachter feststellen, daß das Aufkommen von Sozialismus und Kommunismus allein die Unternehmer herbeigeführt haben: weil sie in den Frühphasen der Industriegesellschaft eine Ausbeutung ihrer Arbeitskräfte, einschließlich der Frauen und Kinder, betrieben haben, die wirklich zum Himmel stank! (Allerdings scheint unser liebender und gerechter Vatergott diesen Gestank nicht wahrgenommen zu haben!). Über das Faktum der Ausbeutung gibt es genügend Literatur, und jene Unternehmer, die über meine Ausführungen die Nase rümpfen, mögen „höchstdieselbe" wenigsten einmal im Leben in ein gutes Geschichtsbuch stecken!

Ich bin indessen der Auffassung, daß die bereits ererbte Feindseligkeit zwischen „Rechts" und „Links" überwunden werden kann. Und zwar mit Hilfe neuerer psychologischer Erkenntnisse.

In all meinen Publikationen, Seminaren und Vorträgen betone ich seit genau zwei Jahrzehnten, daß das Selbstwertgefühl die zentrale Instanz unseres Lebens sei: Alles, was wir tun oder lassen, dreht sich allein um unser Selbstwertgefühl! Und da das Selbstwertgefühl vor allem von der Resonanz der Umwelt auf unser Verhalten abhängt, leben wir alle ein „Leben aus zweiter Hand". Daraus ergibt sich — und dies ist durch die Psychoanalyse eindeutig erwiesen —, daß man nahezu jeden Menschen positiv motivieren kann, wenn man sein Selbstwertgefühl nicht mit Füßen tritt, sondern es durch Lob und Anerkennung hebt! Deshalb verkünde ich seit langem den Unternehmern und ihren Top-Managern, sie könnten die Effizienz ihrer Betriebe um 30 Prozent steigern, ohne eine einzige müde Mark zu investieren — wenn sie ihre Mitarbeiter ,,menschlicher'' behandelten! Ich muß allerdings gleich anfügen, daß diese Behauptung auf meine Seminarteilnehmer nicht den geringsten Eindruck gemacht hat. Dafür gibt es mehrere Gründe. Grund Nr. 1: Man glaubt mir nicht, daß man durch anständige Mitarbeiterbehandlung den Umsatz erhöhen könnte. Bitteschön — ich bringe Ihnen dazu zwei Beispiele!

9.2 Das ist zu schön, um wahr zu sein

Knut Bleicher, international renommierter Leiter des Instituts für Betriebswirtschaft an der Hochschule St. Gallen, ist (nach einem Zitat im ,,manager magazin'' 8/91) überzeugt:

> Qualifizierte Mitarbeiter werden sich, wenn das Management die Rahmenbedingungen richtig eingestellt hat, in Situationen, deren Entwicklung nicht absehbar ist, selbst geeignete Strukturen suchen und schließlich Systeme bauen, die sie für situationsadäquat halten und in denen sie leben und arbeiten wollen.

In diesem Bleicherschen Statement sind jene beiden Basisforderungen enthalten, um die sich gutes oder schlechtes Management immer gedreht hat und auch künftig drehen wird:

○ die „richtigen" Rahmenbedingungen und

○ die qualifizierten Mitarbeiter.

1983 erschien die erste deutsche Auflage von Peters/Waterman „Auf der Suche nach Spitzenleistungen", im Verlag „moderne industrie", Landsberg. Der Klappentext spricht von der begeisterten Aufnahme, die dieses Buch weltweit gefunden hatte. Und: „. . . . daß hier eine Fülle guter Ideen auf unverzügliche praktische Umsetzung wartet". Auf diese Umsetzung, verehrte Leserinnen und Leser, warten diese guten Ideen noch heute — acht Jahre nach Erscheinen dieses Buches! Dieser Nicht-Erfolg hat drei Gründe:

○ Manager lesen nicht;

○ Unternehmensberater offensichtlich auch nicht;

○ in diesem amerikanischen Bestseller werden „unmögliche" Behauptungen geäußert! Zum Beispiel:

Behandle Menschen wie Erwachsene. Behandle sie wie Partner; behandle sie mit Würde und Achtung. Behandle sie — nicht Investitionen oder Automation — als die wichtigste Quelle für Produktivitätssteigerung.

Und an anderer Stelle heißt es:

Bei den exzellenten Unternehmen war nichts häufiger zu spüren als die Achtung vor dem einzelnen.

Diese Grundhaltung war allgegenwärtig. Aber wie bei so vielen anderen Dingen, die wir angesprochen haben, kommt auch diese Haltung nicht in irgendeiner Einzelheit zum Ausdruck und zur Wirkung. (. . .) Lebendig erhalten wird diese Idee in den Unternehmen durch eine Vielzahl struktureller Hilfsmittel, Systeme, Stile und Werte, die sich alle wechselseitig verstärken und diesen Unternehmen ihre außerordentliche Fähigkeit verleihen, mit ganz gewöhnlichen Menschen außergewöhnliche Ergebnisse zu erzielen. Damit sind wir wieder bei der ,,Triebfeder Motivation''. Diese Unternehmen geben ihren Mitarbeitern die Möglichkeit, ihr Geschick selbst zu beeinflussen; sie vermitteln den Menschen einen Sinn. Sie machen aus Lieschen und Otto Müller Erfolgsmenschen.

So weit das Zitat aus Peters/Waterman. In diesem Buch wird auch der Erfolg von Hewlett-Packard beschrieben, worauf ich jetzt eingehen werde.

Natürlich hat auch das hochgelobte Hewlett-Packard-Modell einen ,,Pferdefuß'', auf den ich noch zurückkommen werde. Zunächst seien, wieder nach Peters/Waterman, einige jener Maßnahmen aufgelistet, die diese Firma — zurecht! — so erfolgreich gemacht haben. Also:

○ Der Erfolg von Hewlett-Packard (HP) beruht in erster Linie auf der mitarbeiterorientierten Firmenphilosophie.

○ Diese Philosophie entspringt der Überzeugung, daß Männer und Frauen gute Arbeit, schöpferische Arbeit, leisten wollen und daß sie dies im richtigen Umfeld auch tun.

○ Würde und Wert des einzelnen sind ein wichtiger Bestandteil des HP-Stiles. Daraus resultiert das Vertrauen, das in jeden Mitarbeiter gesetzt wird und das sich zum Beispiel darin manifestiert, daß es keine Stempeluhren gibt, jeder sich seine Arbeitszeit selbst einteilt, und, last not least, daß die Materiallager nicht abgesperrt werden.

Ich könnte diese Aufzählung noch fortführen. . . Doch will ich nunmehr auf jene Gegebenheit kommen, die ich (aus typisch deutscher Sicht) als ,,Pferdefuß'' bezeichnet habe: Das Prinzip der Mitarbeiterorientierung begann bei HP bereits in den vierziger Jahren. Das heißt: seit etwa 50 Jahren betreibt HP eine Personalpolitik, die zu einer unglaublichen Höhe der Manager- und Mitarbeiterqualifikation geführt hat! Diese Menschen sind hochmotiviert und fachlich weit besser qualifiziert als der Durchschnittsamerikaner! Und diese 50 Jahre Vorsprung könnten von keinem deutschen Unternehmen aufgeholt werden — selbst wenn es dies wollte! Und deshalb kann HP für uns kein Beispiel sein. Dieses Modell könnte zukunftsweisend sein — aber wir Deutschen brauchen (wie alle in der EG) schnelle Erfolge!

Lassen Sie mich, verehrte Leserinnen und Leser, die gegenwärtige Situation der deutschen Unternehmer und ihrer Top-Manager aus meiner Erfahrung einmal so skizzieren: Wir Deutschen (West) hatten schon einen etwa achtjährigen Wirtschaftsboom hinter uns, als uns die Wiedervereinigung überraschte. Seitdem läuft sich unsere Wirtschaft heiß und hat auf etlichen Sektoren Lieferschwierigkeiten. Und sucht händeringend weitere Mitarbeiter, die es aber (angeblich) nicht gibt. Weil erfahrene Mitarbeiter um die Fünfzig aus den Unternehmen geekelt und dann nirgendwo mehr eingestellt werden. Und weil man qualifizierte Ausländer, die es auch gibt, nicht einstellt: Weiß man, welche Schlangen man da an seinem Busen nährte? Schon mal etwas von Vorurteilen gehört?

Wirtschaftsexperten, die die Unternehmen (West) einhellig als die alleinigen ,,Vereinigungsgewinnler'' bezeichnen, schätzen, daß wir ehemaligen Bundesdeutschen noch mindestens zehn Jahre voll beschäftigt sein werden, die übernommenen Schäden in der ehemaligen DDR wenigstens halbwegs zu beseitigen. Mit anderen Worten: es stehen uns, binnenwirtschaftlich gesehen, ,,herrliche Zeiten'' ins Haus. Und nun frage ich Sie, verehrte Leserinnen und Leser: Welches Interesse sollte ein deutscher Unternehmer, mittlerweile genau so profitorientiert wie seine amerikanischen Vorbilder, daran haben, Führungsstil-Experimente zu machen? Der Laden läuft doch höchst erfolgreich! Und zwar ohne Rücksicht auf Ethik und die Würde des Menschen . . .

Im übrigen gibt es auch deutsche Experten, die sich einen realitätsnahen Blick bewahrt haben. Zu ihnen gehört der Soziologe Niklas Luhmann, der (im ,,manager magazin" 8/91) auf die Frage „Welche Rolle spielen die Menschen in einem Unternehmen?" folgende Antwort gab:

> Das Grundmuster scheint immer auf die Stimulation von Entscheidungen hinauszulaufen. Die einzelnen Personen spielen als Individuen dabei keine so große Rolle.

Das bedeutet, im Birkenbihlschen „Seminardeutsch" formuliert: Der Mensch spielt in deutschen Unternehmen nach wie vor keine positive Rolle („Diese ewigen Personalprobleme!"), weil die Basis jeglicher Machtausübung die Menschenverachtung ist. (Wem diese Behauptung „zu hart" erscheint, der lese die neuen Publikationen von Kenneth Galbraith und Alvin Toffler).

Nun gibt es, ebenfalls in den USA, ein weiteres Führungsmodell, dessen Basis – wie bei HP – die Humanität ist, und das hervorragend funktioniert. Ich meine die Firma Herman Miller, Inc. In dieser 1923 gegründeten Möbelfirma gilt heute noch folgendes „Grundsatzpaket" für die Manager des Unternehmens:

○ Respektieren Sie Menschen, und lernen Sie, ihnen zu vertrauen.

○ Machen Sie sich klar, daß unsere Überzeugungen die Grundlage unserer Unternehmenspolitik und -praxis bilden.

○ Machen Sie sich die Rechte der Arbeit klar. Jeder von uns, gleichgültig, welchen Rang in der Hierarchie wir einnehmen, hat dieselben Rechte: gebraucht zu werden, beteiligt zu sein, eine verläßliche Beziehung zu haben, das Unternehmen zu verstehen, sein eigenes Schicksal zu gestalten, Verantwortung zu tragen, sich Gehör zu verschaffen und sich zu engagieren.

○ Machen Sie sich die jeweilige Rolle und das Verhältnis zwischen vertraglichen Übereinkünften und Bündnissen klar. (Anmerkung von mir: Unter ,,Bündnissen'' versteht man bei Miller mündliche Vereinbarungen mit ,,ungewöhnlichen'' Personen, zum Beispiel Kreativen, die man unbedingt halten will.)

○ Machen Sie sich klar, daß Beziehungen mehr zählen als Strukturen.

Und schließlich merkt De Pree, der Autor des Buches über das Miller-Unternehmen, an:

Die drei Schlüsselelemente in der Kunst der Zusammenarbeit bei Miller sind:

○ wie man mit Veränderungen umgeht,

○ wie man mit Konflikten umgeht,

○ wie wir unser persönliches Potential erreichen und ausschöpfen.

Endlich weist Miller seinen Führungskräften noch eine ,,immerwährende Hausaufgabe'' zu:

Führungskräfte sind verpflichtet, über diese Schlüsselelemente nachzudenken. Sowohl der Vorgang als auch die Kunst des Führens verlangen dies, wenn wir wirklich eine enge Beziehung zu unserer Arbeit haben wollen.

Verehrte Leserinnen und Leser: Das Buch De Prees liest sich so wundervoll, daß man immer wieder sagen muß: Das ist zu schön, um wahr zu sein! Wo ist der „Pferdefuß"?

Das, was dem Unternehmen Herman Miller, Inc. als Basis allen Denkens und Handelns dient, ist praktiziertes Christentum. Miller senior entwickelte im Gründungsjahr 1923 eine Firmenphilosophie, deren Kernpunkte heute unverändert vom Sohn Max wie folgt dargestellt werden:

○ Erstens glaube ich als Christ, daß jeder Mensch nach dem Ebenbild Gottes erschaffen wurde. Für diejenigen von uns, die von den von uns Geführten das Geschenk der Führung erhalten haben, hat diese Überzeugung enorme Konsequenzen.

○ Zweitens hat Gott dem Menschen eine große Vielfalt von Begabungen geschenkt. Das Verständnis der Mannigfaltigkeit unserer Gaben befähigt uns, den entscheidenden Schritt zu tun und einander zu vertrauen. Der simple Akt des Anerkennens der Vielfalt hilft uns im Wirtschaftsleben, die große Bandbreite von Begabungen zu würdigen, die Menschen in das Unternehmen einbringen.

○ Drittens glaube ich, daß uns Gott aus Gründen, die wir nicht immer verstehen mögen, eine multikulturelle Bevölkerung beschert hat − eine ethnische Mischung, für die Führungsfiguren Verantwortung tragen.

So weit das Credo der Millers. Die Folge dieser Gesinnung ist, daß seit Jahrzehnten nur ,,aktive Christen'' eingestellt worden sind, und daß dieser Belegschaft alle Aktien gehören. Fazit: Auch dieses ,,Miller-Modell'' ist auf deutsche Verhältnisse nicht zu übertragen, weil uns die Millers fast 70 Jahre voraus sind, eine homogene, christlich motivierte Belegschaft aufzubauen und auszubilden.

Diese beiden Beispiele, HP und Miller, geben Stoff zu verschiedenen denkerischen Konsequenzen. Bevor ich diese Konsequenzen (als Fazit aus meiner Sicht) ziehe, möchte ich nochmals auf das Buch der Herren Peters und Waterman zurückkommen — eines der wenigen wirklich guten und brauchbaren Management-Bücher, das in der Nachkriegszeit erschienen ist. Die Autoren bringen Beispiele weiterer ,,exzellenter Unternehmen'', die außergewöhnlich erfolgreich sind, weil sie ihre Mitarbeiter anständig behandeln. Darüber hinaus haben die Autoren akribisch ermittelt, was allen exzellenten Unternehmen gemeinsam ist:

1. *Primat des Handelns:*
   ,,Probieren geht über Studieren''. Dieses Motto heißt auf amerikanisch: ,,Do it, try it, fix it''.

2. *Nähe zum Kunden:*
   ,,Der Kunde ist König''.

3. Freiraum für Unternehmertum:

,,Wir wollen lauter Unternehmer". Folge: Die Firmenleitungen versuchen nicht, jeden an so kurzem Zügel zu führen, daß er nicht mehr kreativ sein kann.

4. Produktivität durch Menschen:

,,Auf den Mitarbeiter kommt es an". Diese Firmen schotten sich nicht gegen ihr ,,Fußvolk" ab, und ebensowenig betrachten sie Kapitalanlagen als das wichtigste Mittel zur Effizienzsteigerung.

5. Sichtbar gelebtes Wertsystem:

,,Wir meinen, was wir sagen — und tun es auch".

6. Bindung an das angestammte Geschäft:

,,Schuster, bleib bei deinen Leisten."

7. Einfacher, flexibler Aufbau:

,,Kampf der Bürokratie!"

8. Straff-lockere Führung:

,,So viel Führung wie nötig, so wenig Kontrolle wie möglich."

Fazit: Ein Unternehmer oder Top-Manager, der nach dem Lesen der von mir vorgetragenen Fakten immernoch behauptet, Mitarbeiter anständig zu behandeln ,,gehe nicht" oder ,,zahle sich nicht aus": der ist nicht nur weit vom Christentum entfernt, sondern wird auch dem Verdrängungswettbewerb des Euromarktes nicht gewachsen sein. Denn wie will so ein Unternehmer künftig seine Mitarbeiter zu der notwendigen höheren Leistung motivieren? Mit mehr Druck? Daß ich nicht lache . . .

9.3 Im Zweifelsfall . . .

Der Titel dieses Buches heißt − wohlüberlegt! − „Im Zweifelsfall allein entscheiden". Das soll heißen: Ich bin, aus Erfahrung, gegen „einsame Entscheidungen" im Top. Entscheidungen, mit denen sich die Mitarbeiter nicht identifizieren können, weil sie an deren Vorbereitung nicht mitgewirkt haben. Wenn beispielsweise ein Unternehmen vorwiegend mit Projektgruppen arbeitet, in denen eine Person für den Fortgang des Projektes und für die Information nach oben verantwortlich ist, und dieses Verfahren funktioniert − dann sollte niemand aus dem Top sich mit eigenen Entscheidungen einmischen! Wenn ich als Chef einem einzelnen oder einem Team eine Aufgabe übertragen habe, dann muß ich diese Menschen in Ruhe arbeiten lassen! Und ich muß ihnen erlauben, Fehler zu machen!

Wer ständig einsame Entscheidungen trifft oder in einzelne Bereiche hineinregiert, manifestiert damit vor allen Augen seine „Ich-Schwäche". Wer als gereifte Persönlichkeit über eine „gewachsene Autorität" verfügt, hat „Herrscher-Allüren" nicht nötig.

Zu dieser Ansicht sind auch zwei in den USA weithin bekannte Autoritäten gekommen: Der Psychologie-professor David McClelland und David H. Burnham, Präsident einer Bostoner Beraterfirma. Aus einem ihrer Gutachten seien hier zwei Punkte zitiert:

○ Erfolgreiche Manager geben ihren Mitarbeitern eher ein Gefühl der Stärke als der Schwäche, indem sie sie zur Entscheidungsvorbereitung hinzuziehen und Verantwortung delegieren.

○ Qualifizierte Manager zeichnen sich durchwegs durch größere menschliche Reife aus. Reife Menschen verhalten sich weniger egoistisch, nicht so defensiv und sind eher gewillt, den Rat von Experten anzunehmen. Sie sind zudem zukunftsorientiert.

Und nun wollen wir zur Kernfrage vorstoßen: Wann ist eigentlich der „Zweifelsfall" gegeben? In den USA habe ich in einem Seminar folgenden Rat mitbekommen: „Wenn du in die Küche kommst und das Essen verbrennt in der Pfanne — dann rufe nicht nach dem Koch, damit er die Pfanne vom Feuer ziehe!" Das bedeutet: Der Zweifelsfall, an dem ein Manager allein entscheiden sollte, ist gegeben, wenn

○ ein wirklich dringendes Problem sofort aus der Welt geschafft werden muß — da ist keine Zeit für Gruppenpalaver;

○ die vielzitierten „qualifizierten Mitarbeiter", die bei der Entscheidungsvorbereitung mitwirken sollen, gar nicht verfügbar sind;

○ eine die Existenz der Firma tangierende Entscheidung ansteht, von der jedoch die Konkurrenz nicht vorzeitig Wind bekommen darf: In diesem Fall muß der oberste Boss allein entscheiden — und diese Entscheidung im nachhinein seinen Mitarbeitern erläutern. (Vertrauen hin, Vertrauen her — es gibt immer undichte Stellen!)

Verehrte Leserinnen und Leser: Ich habe in diesem Buch nicht ohne Grund und relativ ausführlich geschildert, wie (nach Theodor Adorno, Abraham Maslow und anderen Kapazitäten) 70 Prozent der Menschen wirklich sind: egoistische Hinterweltler, autoritätsverliebt, denkfaul, ungebildet und risikoscheu. Solche „Mitarbeiter" kann man nur (kurzfristig!) zu höheren Leistungen anstacheln, wenn man ihnen im speziellen Fall mehr Geld, einen Statuszuwachs oder sexuelle Freuden in Aussicht stellt. Wenn man derartige Mitarbeiter „von heute auf morgen" partizipativ führen wollte und sie aufforderte, sich über Probleme ihrer Arbeit den Kopf zu zerbrechen oder Entscheidungen zu produzieren, würden sie schockiert in volle Deckung gehen! Mit anderen Worten: Wenn man vorwiegend unqualifizierte Mitarbeiter zur Verfügung hat, gibt es nur eines: allein entscheiden! Klare Anweisungen geben und deren Ausführung kontrollieren! Und das Geschwätz vom „mündigen Mitarbeiter" vergessen!

Nach meiner persönlichen „Milchmädchenrechnung" gibt es neben den geschilderten 70 Prozent noch 5 Prozent „Elitemenschen" (Führer, Künstler, Wissenschaftler) und 25 Prozent ,,Aktionswillige'', aus denen sich Mittelmanager und die fachlich qualifizierten Mitarbeiter rekrutieren. Mit anderen Worten: Sie haben, als Manager, etwa 25 Prozent der Belegschaft zur Verfügung, mit denen Sie wirklich effizient arbeiten können – um ein Soll von 100 Prozent zu erfüllen! Oder übertreibe ich da etwa? Jedenfalls sind diese 25 Prozent zu wenige – und das ist das Hauptproblem unserer Wirtschaft!

Nun müssen ja verantwortlich denkende Unternehmer in die Zukunft planen – denn ihr Betrieb soll ja in 50 Jahren auch noch bestehen. Was ist zu tun?

○ Es gibt eine Reihe von Mitarbeitern, die nicht optimal arbeiten, weil sie falsch eingesetzt sind. Das heißt, man sollte Mitarbeitern Gelegenheit zum Rotieren geben.

○ Man sollte einzelnen motivierten Mitarbeitern, die von ihrer Ausbildung her zu kurz gekommen sind, Gelegenheit zur (außerbetrieblichen) Weiterbildung geben.

○ Man sollte, wie Hewlett-Packard, planmäßig gute Leute fördern, Spezialisten von anderen Firmen abwerben, eine lange Dienstzeit belohnen und ,,Nieten'' kurzfristig hinausdrücken: Sie kosten nur Geld und beeinflussen das Betriebsklima negativ!

○ Man sollte loyale und bewährte Mitarbeiter ohne Studium auf Führungspositionen befördern. Die Unsitte sollte endlich ausgemerzt werden, nur Akademiker für Führungspositionen einzusetzen; Leute, die es oftmals mit der operativen Ebene und den Linienmanagern nicht können, weil sie „aus dem falschen Milieu" kommen (und einen Arbeiter noch nie aus der Nähe gesehen haben!).

Auf diese Weise sollte es möglich sein, innerhalb der kommenden zehn Jahre die Zahl der zuverlässigen und leistungsorientierten Mitarbeiter signifikant (= „sichtbarlich") anzuheben.

Ich schließe, verehrte Leserinnen und Leser, dieses Buch mit einer Ermahnung an alle ab, die Unternehmer oder wesentliche Führungskräfte sind:

1. Analysieren Sie sich selbst und arbeiten Sie planmäßig und ständig an der Weiterentwicklung Ihrer Persönlichkeit. Nur gereifte Menschen verfügen über Autorität und Charisma!

2. Entwerfen Sie für Ihr Unternehmen eine Firmenphilosophie, deren Basis „Anständigkeit" ist und die Sie Tag für Tag vorleben.

3. Sehen Sie in Ihren Mitarbeitern a priori Menschen, die ihr Bestes geben wollen, weil sie in der Arbeit den Sinn ihres Lebens sehen.

4. „Die Würde des Menschen ist unantastbar" heißt es im Artikel 1 unseres Grundgesetzes. Daraus ergibt sich für Sie als Führer die Forderung, niemals das Selbstwertgefühl Ihrer Mitarbeiter zu verletzen!

Ich hoffe, verehrte Leserinnen und Leser, daß Sie dieses Buch nachdenklich und mit guten Vorsätzen aus der Hand legen. Es ist wirklich nicht schwierig, ein Unternehmen auf die Dauer erfolgreich zu führen, wenn Sie erst einmal begriffen und akzeptiert haben, daß das menschliche Potential wichtiger und wertvoller ist als das Kapital, das Sie investieren!

Literaturverzeichnis

Ackermann, Albert: Praktische Psychologie für Führungskräfte. moderne industrie, München 1972

Adorno, Th. W.: Studien zum autoritären Charakter. Suhrkamp, Frankfurt/M. 1973

Erziehung zur Mündigkeit. Suhrkamp, Frankfurt/M. 1972

Antes, Klaus (Hg.): Erziehung zur Anpassung. Heyne, München 1973

Arendt, Hannah: Macht und Gewalt. Piper, München 1970

Bihl, Gerhard: Von der Mitbestimmung zur Selbstbestimmung. Das skandinavische Modell der selbststeuernden Gruppen. Goldmann, München 1973

Birkenbihl, Michael: Arbeitshandbuch der Führungspraxis. moderne industrie, München 1974

Birkenbihl, Michael: Im Zweifelsfall allein entscheiden (1. Auflage). moderne industrie, München 1974

Birkenbihl, Michael: Führungsbrevier 2 000. Bratt-Institut für Neues Lernen, Goch 1981

Birkenbihl, Michael: Chefbrevier zur Führungspraxis. MI-Paperback, Landsberg am Lech 1982

Birkenbihl, Michael: Chefbrevier. mvg-verlag, München/Landsberg am Lech 1990

Birkenbihl, Michael: Schnellkurs zum Manager. Bayerische Verlagsanstalt, Bamberg 1991

Birkenbihl, Michael: Karriere und innere Harmonie sind möglich. mvg-verlag, München/Landsberg am Lech 1991

Birkenbihl, Vera F.: Gekonnt entscheiden. Didaktisches Hörspiel incl. Broschüre. mvg-verlag München/ Landsberg am Lech 1991

Blake/Mouton: Verhaltenspsychologie im Betrieb. Econ, Düsseldorf 1971

Borkenau, Franz: Marx. Fischer-Bücherei, Frankfurt/M. 1956

Buzengeiger, Walter: Glück und Unglück der Linken. Südwest, München 1970

Canetti, Elias: Masse und Macht. Claassen Verlag, Hamburg/Hildesheim 1960/1992

Capra, Fritjof: Wendezeit. Scherz, München 1983

De Pree, Max: Die Kunst des Führens. Frankfurt/New York 1990

Ditfurth, Hoimar von: So laßt uns denn ein Apfelbäumchen pflanzen. Rasch und Röhring, Hamburg 1985

Eibl-Eibesfeldt, I.: Der vorprogrammierte Mensch. Molden, Wien 1973

Engelmann, Bert: Du deutsch? Bertelsmann, München 1984

Enzensberger, H. M.: Kursbuch 30: Der Sozialismus als Staatsmacht. Wagenbach, Berlin 1972

Ferguson, Marylin: Die sanfte Verschwörung. Sphinx, Basel 1983

Fromm, Erich: Jenseits der Illusionen. Diana, Konstanz 1967

Geyer, Horst: Über die Dummheit. VMA, Wiesbaden 1984

Heisenberg, Werner: Schritte über Grenzen. Piper, München 1984

Hormann/Harmann: Future Work. Bonn Aktuell, Stuttgart/München/Landsberg am Lech 1990

Jonas, Hans: Das Prinzip Verantwortung. Suhrkamp. Frankfurt/M. 1984

Konner, Melvin: Die unvollkommene Gattung. Birkhäuser, Basel 1984

Lorenz, Konrad: Die acht Todsünden der zivilisierten Menschheit. Piper, München 1973

Lutz, Rüdiger (Hrsg.): Pläne für eine menschliche Zukunft. PSYCHOLOGIE HEUTE, Beltz 1988

McKenzie, John SJ: Autorität in der Kirche. Schöningh, Paderborn 1968

Maclay/Knipe: Adam im Hühnerhof. S. Fischer, Frankfurt/M. 1972

Marcuse, Herbert: Konterrevolution und Revolte. Suhrkamp, Frankfurt/M. 1973

Miketta, Gaby: Netzwerk Mensch. Thieme, Stuttgart 1991

Mitscherlich, Alexander: Auf dem Weg zur vaterlosen Gesellschaft. Piper, München 1971

Pauwels/Bergier: Aufbruch ins dritte Jahrtausend. Goldmann, München 1986

Peters/Waterman: Auf der Suche nach Spitzenleistungen. mvg-verlag, München/Landsberg am Lech 1991

Plack, Arno: Dic Gesellschaft und das Böse. List, München 1971

Rattner, Josef: Aggression und menschliche Natur. Walter, Olten 1970
Psychologie des Vorurteils. Claassen, Hildesheim 1971

Rice, A.K.: Führung und Gruppe. Klett, Stuttgart 1971

Richter, Horst E.: Die Gruppe. Rowohlt, Reinbek 1972

Roszak, Theodore: Das unvollendete Tier. Trikont-Dianus, München 1982

Russel, Peter: Die erwachende Erde. Heyne, München 1987

Sbandi, Pio: Gruppenpsychologie. Pfeiffer, München 1973

Schaeffer/Bachmann (Hrsg.): Neues Bewußtsein – neues Leben. Heyne, München 1988

Scheidt, Jürgen vom (Hrsg.): Konzepte für die Zukunft. Bonn Aktuell, Stuttgart/München/Landsberg am Lech 1990

Schlapp, Manfred: Steckbrief der Hinterwelt. Delp, München 1971

Schramm, Stuart R.: Das Mao-System. Die Schriften von Mao Tse-tung. Hanser, München 1972

Schuhmacher, E.F.: Die Rückkehr zum menschlichen Maß. Rowohlt, Reinbek 1977

Slater, Philip E.: Mikrokosmos: Eine Studie über Gruppendynamik. S. Fischer, Frankfurt/M. 1970

Störig, Hans J.: Kleine Weltgeschichte der Philosophie. Droemer-Knaur, München 1966

Szczesny: Vom Unheil der totalen Demokratie. List, München 1983

Szondi, L.: Freiheit und Zwang im Schicksal des einzelnen. Huber, Bern 1968; Kain — Gestalten des Bösen. Huber, Bern 1969

Toffler, Alvin: Die Grenzen der Krise. Scherz, Bern/München 1975;
Die Zukunftschance. Bertelsmann, München 1980

Toynbee, Arnold: Menschheit und Mutter Erde. Claessen, Düsseldorf 1988

Velikovsky, Immanuel: Das kollektive Vergessen. Ullstein, Berlin 1987

Vester, Frederic: Neuland des Denkens. DVA, Stuttgart 1981

Wickler/Seibt: Das Prinzip Eigennutz. Hoffmann und Campe, Hamburg 1977

Wilber, Ken: Halbzeit der Evolution. Scherz, München 1987

Wilms, Bernhard: Die politischen Ideen von Hobbes bis Ho Tschi Minh. Kohlhammer, Stuttgart 1971

Wunderlich, Hans G.: Die Steinzeit ist noch nicht zu Ende. Rowohlt, Reinbek 1974

Anmerkung:

Alle hier aufgelisteten Bücher gehören zum Bestand meiner Privat-Bibliothek. Daher ist es möglich, daß einzelne Titel vergriffen sind.